本书系浙江省教育厅课题“大数据视角下管理会计工具在中小企业的创新实践探析”（课题编号：FG2019194）的研究成果

管理会计在中小企业的应用研究

◎ 吴晓涵 著

中国纺织出版社有限公司

内 容 提 要

管理会计是近年会计领域的热点内容，亦是未来会计的发展方向，而且在目前的信息经济、知识经济背景下，基于数据分析、信息预测的管理会计在企业财务活动中的作用日益凸显。因此本著作对管理会计在中小企业的应用进行了深入研究，通过案例的形式展示了不同管理会计工具在不同企业的具体实践，分析了不同管理会计工具的适用性、优缺点及在实践中的应用情况，并对于管理会计工作的整合应用展开了探讨，以期对管理会计的理论和应用研究有所助益，为企业管理会计的实践活动提出对策和建议。

图书在版编目（CIP）数据

管理会计在中小企业的应用研究 / 吴晓涵著 . -- 北京：中国纺织出版社有限公司，2021. 5

ISBN 978-7-5180-8517-0

Ⅰ . ①管… Ⅱ . ①吴… Ⅲ . ①中小企业—管理会计 Ⅳ . ① F276.3

中国版本图书馆 CIP 数据核字（2021）第 078067 号

责任编辑：王　慧　　责任校对：王花妮　　责任印制：储志伟

中国纺织出版社有限公司出版发行
地址：北京市朝阳区百子湾东里 A407 号楼　邮政编码：100124
销售电话：010—67004422　传真：010—87155801
http://www. c-textilep. com
中国纺织出版社天猫旗舰店
官方微博 http://weibo. com/2119887771
三河市宏盛印务有限公司印刷　各地新华书店经销
2021 年 5 月第 1 版第 1 次印刷
开本：787×1092　1/16　印张：8
字数：163 千字　定价：39.00 元

前　　言

当代经济发展迅速，企业面临着日趋激烈的竞争。对于大多数企业而言，其在所处的外部市场中竞争对手如云，而日益成熟的消费者对于产品的需求也越来越多种多样。在此背景下，企业要通过各种销售手段扩大销量从而保证利润，但是从目前的市场情况而言，一个企业要想单单依靠促销手段提高销售额从而保证和提高利润是十分困难的。其原因是销售会受到很多因素的影响，如整体经济形势、竞争对手的水平等，而这些正是企业无法控制的因素。那么企业是不是就无能为力了呢？

从利润的计算公式“利润＝收入－成本”可以发现企业提高利润的另一条出路。既然外部市场“血雨腥风”，那么企业不如好好“修炼内功”，通过对成本的有效管理和控制，实现成本的降低，从而为企业赢得更多的利润空间。

这样的方式是在目前激烈的市场竞争下大多数成功企业的选择，也是本书主要介绍的理论和方法。

本书将为大家打开一个全新的企业管理视角，让我们拭目以待吧。

吴晓涵

2020 年 7 月

目　　录

第一章

管理会计概述

第一节　管理会计的概念

一、国外会计学界对管理会计定义的论述

（一）狭义的管理会计阶段（20世纪20～70年代）

狭义的管理会计，又称微观管理会计，是一个会计分支。相对于财务会计来说，管理会计更关注内部管理，通过各种方法进行内部的成本控制、经营管理，实现企业经济效益不断提高的最终目标。管理会计主要利用企业经营活动所反映的各种会计信息，对这些信息进行进一步的处理和再利用，以实现经济过程的预测、决策和计划——计划、控制、责任评估和其他功能。

狭义的管理会计的核心内容：

1. 以企业为主体展开其管理活动；
2. 为企业管理当局的管理目标服务；
3. 是一个信息处理系统。

（二）广义的管理会计阶段（20世纪70年代以来）

广义的管理会计，是传统的财务会计所未涵盖的部分，在企业活动中充分发挥管理会计的各种职能，从成本管控、加强内部管理角度提升企业的经济效益。

广义的管理会计的核心内容：

1. 管理会计既为企业内部管理目标服务，同时也为如政府等企业外部非管理集团服务；
2. 作为信息系统，管理会计不仅提供传统的财务信息，还提供更多与业务运营相关的非货币信息；
3. 从内容上看，管理会计的范围更加广泛，对于财务会计、成本管理均有涵盖。

二、国内学者对管理会计定义的论述

关于管理会计是西方企业从内部管理角度，对企业进行成本管控、流程管理以实现内部管理优化、成本节约进而提升企业利润的观点得到了国内学界的普遍认可。与传统会计不同，管理会计使用了更多的会计学和其他学科的方法，在利用财务会计所反映的会计信息的基础上，进一步利用一些非财务信息、企业外部信息，对信息进行处理加工，进而对企业进行预测、决策、评价和控制；相比财务会计对于经济业务的记录和反映，管理会计不仅涉及账务处理，更多的是在财务会计账务处理的基础上进行数据整理、计算、分析。

三、管理会计的概念

基于国内外对于管理会计的综合定义，本书倾向采用如下定义。

管理会计是关注内部成本管理控制以提高经济效益为最终目的的会计信息处理系统。它运用一系列专门的方式方法，通过确认、计量、归集、分析、编制与解释、传递等一系列工作，为管理和决策提供信息，并参与企业经营管理。

四、管理会计在企业会计中的地位

在企业的财务岗位设置中，管理会计岗位是和财务会计岗位并行的岗位。一些大企业往往会分别设置这两个岗位，财务会计岗位负责传统会计业务，管理会计岗位则主要利用财务会计信息，进行分析、预测，为企业决策提供依据。但是在一些小企业，财务会计往往身兼管理会计职务。但是从企业管理的角度来看，管理会计在企业管理中的地位将日益重要，对企业发展的作用也将日益凸显，如图 1-1 所示。

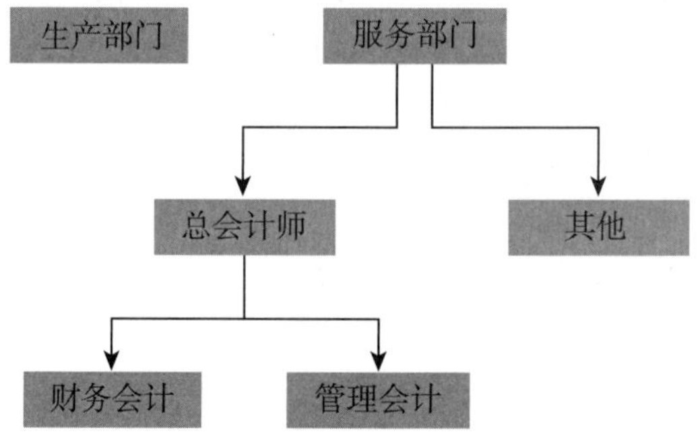

图 1-1 管理会计在企业管理中的地位

第二节 管理会计的产生和发展

一、管理会计的产生

理论的发展总是离不开实践活动。综观会计发展史，每次经济社会的飞速发展都

伴随着会计理论的丰富和发展。现代管理会计作为现代会计的一个重要分支，其形成与发展是会计不断发展的必然结果。

(一) 经济发展、科技进步推动管理会计产生与发展

管理会计的兴起和社会经济发展、技术进步密切相关。美国因为没有在第一次世界大战中受到很大的影响，因此在战后的美国经济很快地超越了英法等国家，而其相对稳定和平的国内环境也使得美国的科技飞速发展，进入了世界领先行列。经济发展的同时也催生了会计理论的创新和发展，美国很快取代了英国，成了世界会计研究中心，引领了世界会计发展。20世纪二三十年代，泰罗（Taylor）的科学管理被越来越多的企业认可和推行，“标准成本制度”“预算控制”等会计方法也应运而生，推动了企业管理水平的提高。第二次世界大战后，世界经济开始复苏，各国都将重心重新转移到经济上，而一些原来用于军事的科技也转向民用领域，使竞争进一步加剧，企业规模变大，跨国公司和跨国经营增加。很多企业开始意识到原来的提高收入、提高利润的方式已经不适应越来越激烈的外部竞争，因此开始转向成本的视角，希望通过成本的控制实现成本降低，进而提高利润。于是，本量利分析等成本控制分析方法被越来越多地应用到企业实践。

此后，跨学科的一些数据分析方法被应用到会计学中，这些方法的应用改善了企业的内部管理，有效地控制了成本，对企业效益提高起到了很大的作用。管理会计因为能有效地进行成本管理，加强内部控制，满足内部管理控制需要，被从传统会计中分离出来，成为新的分支。管理会计面向内部信息使用者，管理会计出具的报告都是内部传阅使用，不需要像财务那样遵循严格的形式和方法，故而其更加灵活多样，也更加适应企业管理需要。管理会计的出现，极大地丰富了会计管理的内容，更是将会计发展带入了新的历史阶段。

(二) 管理科学的形成、管理理论的发展，为管理会计的产生和发展提供了理论依据

人类是社会性动物，人们的各种生产活动都需要通过合作实现，而具有合作性质的集团活动也极大地提高了人类活动效率。既然要合作，就需要有管理，因为无序的合作必然导致低效。管理实践伴随着人类的发展，人类在合作和管理的过程中探索出了很多好的管理方法，丰富的管理经验被代代相传，各种管理思想被总结形成，各种管理理论开始萌发。而这些优秀的思想和方法被人们用以指导实践，人们又从实践中不断总结、完善管理理论，最终形成管理科学。

目前普遍认为，泰罗的科学管理是管理科学形成的标志。管理科学理论的发展经历三个阶段：第一阶段，古典管理理论阶段，其代表性理论是泰罗的科学管理理论、法约尔（Fayol）的管理过程理论、马克斯·韦伯（Max Weber）的理想组织体系理论；第二阶段，新古典管理理论阶段，梅奥（Mayo）等人的霍桑试验和人际关系学说、马

斯洛（Maslow）的需求层次理论、赫茨伯格（Herzberg）的双因素理论、麦克莱兰（MacClelland）的激励需求理论、弗鲁姆（Vroom）的期望理论等行为科学理论是这一阶段的主要理论；第三阶段，现代管理理论阶段，这一阶段的管理理论研究蓬勃发展，流派众多，管理学家孔茨（Koontz）称这一阶段为“管理理论丛林”，并将其归纳为十大流派，即管理过程学派、社会合作学派、经验或案例学派、人际关系行为学派、群体行为学派、社会技术系统学派、决策理论学派、沟通（信息）中心学派、数学（“管理科学”）学派、权变理论学派等。

管理理论的飞速发展极大促进了管理会计的发展，数学、统计学等学科的方法的引入，信息技术的助推，更是使管理会计的各项职能得到了充分发挥，而在管理会计的应用下，企业的会计部门将不仅仅是管理部门，更多地会成为和生产部门一样的价值创造部门。随着知识经济、信息技术不断进步，职能机器人、职能财务逐渐取代了传统的会计做账，而企业也日益认识到财务部门能通过对内外部信息分析和评价为企业管理决策服务，通过财务管理、数据分析、预测决策为企业创造价值，因此管理会计在成本管控、内部优化管理、提升效益方面的作用将更加凸显。

二、管理会计的发展

（一）传统管理会计阶段（19 世纪末～20 世纪 50 年代）

19 世纪末 20 世纪初，蒸汽机将人类社会带入了机械动力时代，时代发展的列车一下子提速了。迅速有效的机器生产使得劳动生产力得到了极大提高。英国经济深受工业革命影响，得以迅速发展。这个时候的企业不再是小作坊，个体经营者、部分资金雄厚的作坊主买机器扩大生产，一些没有资金的手工业者被淘汰，一些农民失去土地，而这些人为了生存只能进入工厂成为工人。与原来小作坊生产时所有者和生产者统一不一样，这个时候企业的所有权属于企业的所有者，但企业的所有者并不从事生产，而是雇佣工人生产；而从事生产的工人对于企业并没有所有权，所有权和经营权分离的企业形式从此诞生。所有权、经营权的分离，使得所有者和经营者难免存在利益的分歧，因此对于账簿记录的更高要求被提出。会计工作不仅仅要记录经济业务，反映资金变动，而且还要能实现内部控制，资产管控等。实践又一次催生出新的理论，英国的会计理论研究也取得了飞速发展，成为世界中心。

第一次世界大战后，英国等国家因为受战争影响，经济发展放慢甚至停滞，而此时美国异军突起，在经济、科技等方面都赶超英国，而会计理论研究的世界中心也由英国转到了美国。1911 年，美国人泰罗的《科学管理原理》的发表推动企业管理进入了新的历史时期。泰罗的科学管理思想犹如一颗璀璨明星，一下子照亮了企业的发展，引起了企业管理的巨大变革。企业对于泰罗的标准化工作的认可和实施，催生出了会计的新职能，会计并不仅仅是记录经济业务，同时还要为企业管理服务。在泰罗的科学管理的影响下，“标准成本”“差异分析”“预算控制”等新方法和新观念也不断被创造和推出。通过标准成本法，企业能够根据历史资料、结合行业水平和对于成本节约的预测制定标准成本，在实践中标准成本法不仅仅是成本核算的方法，还能起到成本控制和评价作用，因此在企业成本管理控制中能发挥极大作用。伴随着跨学科的交叉应用，会计的职能不断被拓展，基于核算职能基础上的预测、规划等职能开始形成，关注企业内部管理的会计方法体系逐渐形成，管理会计也正式从此开始从传统会计中分离出来。

（二）现代管理会计阶段（20 世纪 50～80 年代）

20 世纪 50 年代，特别是第二次世界大战后，各国都开始致力于经济发展，世界经济复苏，交通设施、信息技术的发展也让跨国交流合作有了很大可能，越来越多的大企业开始从国内市场走向国际市场。因此，企业面临的不仅仅是国内的竞争对手，还有世界各地的竞争对手。激烈的竞争，使得企业家清楚地认识到在外部市场上要获得更多利润毫无疑问是非常困难的，而"利润＝收入－成本费用"使得企业家将目光从原来的收入视角转向成本费用视角，成本控制被越来越多的企业所认知。企业通过推行职能管理、激励管理，创设企业文化，增加员工认可度等各种方法可以激发员工的生产热情和工作责任心；与此同时，原来应用于军事的信息技术也开始进入民用领域，使得市场调研分析、数据记录分析、科学预测有了技术支持，一个能与市场竞争环境相适应的预测、决策、控制、考核、评价的管理会计体系开始建立；企业内部的管理不断优化，管理水平不断提升。实践的进步也推动了理论的发展，管理会计在融会贯通本学科和其他学科的先进理论和方法下，也形成了自己特有的方法和体系。

这一时期的管理会计已不再扮演企业中的生产管理角色，更多的是企业决策的咨询者，其关注的领域也从原来的生产环节延伸到了企业经营管理的各个环节和方面，从成本控制、改善成本管理转向了优化企业管理、提升企业总体效益。至此，管理会计和财务会计平起平坐。管理会计在吸收现代管理科学以及其他学科的先进理论和方法下，进一步完善了管理会计的职能，在企业管理中能更好地发挥作用。传统财务会计作为"对外会计"，更关注对于外部信息使用者提供有用信息；而管理会计作为"对内会计"，则更多的是为内部的管理决策服务。

（三）战略管理会计阶段（20 世纪 80 年代至今）

20 世纪 80 年代以后，全球化进程让跨国的交流合作越来越频繁，企业开始意识到自己的竞争对手在瞬间增加了，这也对企业的管理提出了更高的要求。在这一阶段，管理会计进一步吸收和借鉴了其他学科的先进理论和方法，形成了一系列新的理论和方法。1981 年，西蒙（Simon）首次提出了注重外部环境的战略管理会计，他认为企业面临的生产经营环境比以前更为复杂，外部环境的影响不可忽视，企业要通过对于外部环境、市场状况、客户情况的跟踪调研，基于企业战略目标对企业战略进行管理和控制。

三、管理会计在我国的应用和发展

20 世纪 70 年代以后，大量专业书籍和教材的出版使管理会计从理论研究走向了教学实践。1980 年，为了更好推广管理会计，世界性的管理会计会议在法国巴黎召开。1979 年，我国第一部管理会计方面的教材《管理会计》出版，厦门大学作为国内会计研究的领先高校，第一次开设了管理会计课程，开展管理会计教学。此后，管理会计在我国逐渐成为各大高校普遍开设的专业课程。

进入 20 世纪 90 年代以后，中国经济迅速发展，催生了管理会计各种理论方法的教学和应用。中国财政部颁布了《关于全面推进管理会计体系建设的指导意见》（财会〔2014〕27 号），提出了建设“立足国情，借鉴国际”的中国特色管理会计体系的指导思想、基本原则、主要目标以及主要任务和措施。管理会计被誉为会计未来的发展方向，在未来的应用及其对于企业的作用将进一步增加，原来的手工记账逐渐被智能记账取代，因此会计如还拘泥于核算和监督的传统职能必将被淘汰。当然，机遇总是和挑战并存，大数据分析、信息技术的发展让数据分析挖掘有了可能，作业成本法、标准成本法等管理会计工具在企业的应用日益增加，对于推动企业内部财务管理改革、提升企业管理效率、创造企业价值方面的作用将进一步凸显。实践可以推动理论发展，因此管理会计必将获得更快的发展。

第三节　管理会计的基本职能

管理会计不同于财务会计，它不是进行账务处理，而是在财务会计所反映的会计信息的基础上对信息进行处理。具体而言，管理会计具有以下六种职能。

一、分析职能

分析职能是管理会计的一项重要职能。管理会计主要通过对会计信息及其他相关信息进行收集、处理、分析来发现企业财务活动中存在的问题，同时结合非财务信息对企业的经营管理提供决策依据。

二、预测职能

预测是指根据历史资料，利用专门的方法对未来的情况进行估计。管理会计主要通过对企业过去的会计数据、现在的会计数据以及外部数据进行收集、整理来对未来的情况进行预测，从而对企业未来经营活动进行估计和决策。管理会计的预测主要包括业务活动预测、经营成果预测和财务状况预测等。

管理知识小品：

某人在做客时，看见许多木材堆在主人家垂直的烟囱旁边，于是便劝告主人：“烟囱垂直，周围又堆满了木材，是很大的火灾隐患。”主人听了不置可否，并未在意。果不其然，过了一段时间，主人家确如客人所言发生了火灾。在邻居们的帮助下，大火被扑灭了，于是主人大摆宴席感谢四邻，但并没有想到之前劝他防患于未然的客人。于是，邻居们提醒主人：“如果您当初听从那位客人的意见，就不会有现在的损失。”主人顿时省悟，赶紧前去邀请客人。

管理心得：

俗话说：“未雨绸缪”，若能在危机到来前就及时发现并避免危机，是不是更好呢？

三、决策职能

管理会计主要通过借助一些跨学科的分析方法和工具，对企业的财务信息、非财务信息、内部信息和外部信息等进行分析，为企业决策提供数据和信息支持。决策者通过运用管理会计提供的数据和信息，能够有效制订各种不同类型的决策方案。决策建立在预测的基础上，通过预测，企业面临对各种可行方案的选择，而决策就是对各种可行方案进行择优选择的过程。

管理知识小品：

从前，有个饥肠辘辘的行人穿越沙漠，得到了一位老人的馈赠——一杆鱼竿和一筐活鱼。他本就饥饿难耐，赶紧支起火，煮起鱼。鲜美的鱼肉填饱了他的肚子，也让他忘记了自己正处于茫茫沙漠。没过多久，鱼吃完了，行人也饿死了。

不久，另一个行人也要穿越沙漠，同样他也深受沙漠中缺水和缺粮的折磨。在他绝望想放弃的时候，他也得到了老者馈赠的一杆鱼竿和一筐活鱼。但是，与之前的人不一样，这个行人很清楚自己正处于沙漠，食物是十分珍贵的，因此他十分有计划地吃鱼，然后顺利走出了沙漠，来到了有河流的平原。之后，他用鱼竿学会了钓鱼，并以此为生，最终过上了幸福的生活。

管理心得：

所谓“一念天堂，一念地狱”，一个人的决策会决定自己或者企业的生死存亡。因此，决策者要高瞻远瞩，同时要联系实际，做出正确的决策。

四、规划职能

规划是指事先确定目标和计划，使得实际工作中能按照既定的目标和计划进行，进而实现既定目标。管理会计主要通过财务信息和非财务信息为企业提供规划服务，通过预算、计划，提前对企业经营活动进行规划。在具体实践中，要将实际经营和计划、预算进行比较，防止实际经营中的偏差，保证实际经营结果能达到既定目标。

管理知识小品：

去过寺庙的人都清楚，一进门首先看到的就是笑口常开的弥勒佛，而弥勒佛背面的佛像估计很多人都没有注意过。弥勒佛背后是韦陀，他长得凶神恶煞，让人见而生畏。在传说中，弥勒佛和韦陀分管不同的庙宇，弥勒佛常年乐呵呵的，大家都喜欢去他的庙里，但是他太过随和，不善理财，尽管庙里香火旺盛，但是没有多少香火钱；韦陀虽然擅长理财，但是他一天到晚黑着脸，十分严肃，香客见了都想跑，自然没什么香火，最后香火断绝。

佛祖发现这个问题后，就把他们放到了一起，这样刚好可以取长补短，庙里既能香火旺盛又不会入不敷出。

管理心得：

在大师的眼里，没有不好的资源，只有不好的规划。资源的合理规划运用对企业而言非常重要，资源整合、资源共享、资源的组织协调能为企业铺平道路，使得企业顺利发展，达到理想目标。

五、控制职能

控制是指通过对企业具体经营活动的影响和控制，保证企业的实际经营不偏离既定目标。管理会计能够根据预先确定的目标，对企业的实际业务进行实时监控，同时通过科学的差异分析方法对企业的实际业务进行确认、计量、记录和报告，判断实际业务与预订目标之间的偏差，并在此基础上提出有效的处理方法。管理会计的控制职能可以概括为：制定控制标准；对实际业务进行监督；将实际业务与预订目标进行对照，确定差异；对差异的产生原因和性质进行分析，提出处理方法。

管理知识小品：

魏文王问名医扁鹊："你们家兄弟三人，都精于医术，到底哪位最好呢？"

扁鹊答："兄长最好，中兄次之，我最差。"

文王再问："但是你最出名，这是什么原因呢？"

扁鹊答："我的大哥经常在患者还没有发病的时候给患者治病。这样一来，人们往往会因为他做到了提前预防而忽视了他医术的高超；我的二哥往往在患者刚刚发病的时候给患者治病，这个时候患者的症状往往很轻，一般人很自然地就认为他只是能治疗普通的病症的医生，因此名声也难以传出去；而我治病于患者病重之时，往往患者都病入膏肓，经常要开刀放血，人们往往被这样的场景震惊，认为我的医术特别高超，但是事实上并非如此。"

管理心得：

事后控制不如事中控制，事中控制不如事前控制，可惜大多数的经营者都不能体会到这一点，等到错误的决策造成了重大的损失才寻求弥补。因此，未雨绸缪也许才是最好的选择。

六、考核评价职能

考核和评价是指对企业经营情况、企业既定目标实现情况进行评价和考核。考核评价既是对企业经营的一个总结，也能发现企业经营中的问题，从而对未来的预测、决策产生影响。

管理知识小品：

小和尚担任撞钟一职，一直以来他都按时去撞钟，实在是单调乏味，但是他也是实在想不出撞钟还能撞出其他什么形式。有一天，住持宣布调他去后院挑水烧饭，因为他觉得小和尚做得不够称职。小和尚很不服气也很疑惑，自己明明天天按时撞钟，而且还撞得特别用力，怎么就不称职了呢？

老住持这才说："撞钟按时、响亮是最为基本的要求。除此之外，钟声还要有感染力，要振聋发聩，要让人醍醐灌顶、迷途知返。"

管理心得：

"做一天和尚撞一天钟"常被形容一个人做事不认真、敷衍了事，但是仔细想想，小和尚也非常冤枉，毕竟他一直都不知道怎样撞钟才是正确的。因此，故事中的老住持也要承担一部分责任，因为他一开始并没有告诉小和尚撞钟这份工作的要求和标准，那小和尚自然是丈二和尚摸不到头脑，做得很糊涂。

其实考核标准对于员工并不是单纯的约束，更多的是员工工作的指南和标杆。只有有了标准，员工才能在工作中完成相应的工作，才能有效地引导员工行为与企业目标保持统一。没有标准，工作缺乏参照，容易导致员工工作懈怠。同时，制订工作标准应与考核联系起来，注重操作性。像故事中的撞钟标准"让人醍醐灌顶、迷途知返"其实就是缺乏可操作性，难以衡量，而这样难以衡量的标准在实际工作中就往往会让考核流于形式。

管理会计的六大基本职能形成了一个循环。在企业实践中，总是从预测开始，进而决策，然后在具体实施过程中，通过规划、控制保证实际结果和既定目标一致，最后通过考核评价对企业经营结果进行评价反馈，进而影响下期的预测与决策。

第四节 管理会计与财务会计的关系

管理会计和财务会计都是经济发展的产物，它们之间既存在密切的联系，又存在区别；两者相辅相成，在企业管理中分别发挥着不可替代的作用。

一、管理会计和财务会计的联系

财务会计是对外会计，负责对经济业务进行反映和记录，并对外报送财务报告，为外部信息使用者服务；而管理会计关注未来，更多的是为企业内部优化管理活动提升管理效率服务。具体而言，财务会计与管理会计主要有以下几方面联系。

（一）财务会计与管理会计都是一种管理活动

会计最初的产生就是为了记录经济业务，对经济业务进行准确、及时、真实的记录是会计最基本的职能。财务会计有效地实现了这一职能，通过对过去已发生事项的准确记录和反映，对外报送报表，为外部信息使用者提供服务。然而，随着经济发展，日新月异的内外部环境以及日益加剧的竞争都给企业的发展带来了极大的挑战，也对企业的财务管理、会计工作提出了新的要求。在此背景下，会计的职能已不仅仅是核算，还包括更多职能的延伸，而管理会计正可以通过对于财务信息的分析和处理，对企业活动进行控制，并对企业的未来发展提供决策支持。

（二）财务会计与管理会计的对象相同

不管是财务会计还是管理会计，面向的对象都是企业的经营活动。但是，财务会计基于历史成本法，更多的是对企业过去已发生的各种经济活动的记录和反映；而管理会计则更多的是基于已有的会计信息，结合企业内外部环境及其他相关因素，对企业经营活动展开预测并为决策提供依据。

（三）财务会计与管理会计的职能与最终目标一致

财务会计的基本职能是核算和监督，记录和反映经济业务；而管理会计的基本职能是预测、决策、规划、控制和考核评价，结合企业过去的经营情况和经营现状，对未来进行预测，进而进行科学决策，并对企业的经营结果进行科学的考核评价，最终使企业实现进一步发展。两者的职能尽管有差异，但是最终都是为了提高企业管理，提升企业经营绩效服务。

（四）财务会计与管理会计共同组成一个耦合的开放系统

财务会计和管理会计都是会计的分支。财务会计注重经济业务的记录和反映，如果没有财务会计的记录和反映，管理会计的各项职能也就无从进行。可以说，管理会计工作的开展建立在财务会计的基础之上，管理会计只有对财务会计信息进行处理分析，才能形成预测和决策。由此可见，两者在企业实践中相互配合，共同为企业经营管理服务。

二、管理会计与财务会计的区别

作为现代会计的两大分支，财务会计和管理会计还是有很多差别。管理会计和财务会计尽管一脉相承，但是管理会计是在现代经济发展的情况下，为了适应现代企业管理需要，在借鉴其他学科发展的基础上发展起来的，因此与财务会计有很大的差别。

（一）工作的侧重点不同

财务会计注重对已发生的各种经济业务进行如实的反映，如通过资产负债表反映企业财务状况，通过利润表反映企业经营成果，并定期对外报送，为外部信息使用者服务。因此，财务会计也被称为“对外会计”。

管理会计关注的不是如何记录经济业务，而是经济业务背后所反映的经济信息以及这些信息对于企业经营的意义，以及通过分析会计信息，如何为企业提供决策支持，如何为内部管理者提供有用的信息。因此，管理会计也被称为“对内会计”。

(二）工作主体的层次不同

财务会计工作的主体比较单一，一般是企业整体。管理会计的工作主体则呈现多样性，既可以是一个企业，也可以是企业的一个部门，甚至可以是一个员工个体。

(三）作用时效不同

财务会计在历史成本法的基础上，追求对过去发生事项的反映，关注的是如何将已发生的经济业务通过会计语言加以记录和反映。因此，财务会计也被称为“报账型会计”。

管理会计则通过对过去事项所反映的信息的分析和整理以及对现在事项的控制来实现对未来的科学预测，并为管理层决策提供支持。因此，管理会计也被称为“经营型会计”。

(四）遵循的原则、标准不同

作为“对外会计”，财务会计强调所反映的会计信息要具有横向和纵向可比性，因此财务会计在反映经济业务、制订记账凭证、登记账簿、编制报表时必须严格遵守《企业会计准则》和行业统一会计制度，不能随意变更。

管理会计涉及的信息往往是企业成本等机密信息，为内部使用者服务，因此其工作和方法不受《企业会计准则》和行业统一会计制度的完全限制和严格约束，可以以更为灵活的方式进行。

(五）信息的特征、载体不同

财务会计需要定期对外出具财务报表，因此具有统一的工作程序，各种凭证的编制、账簿的登记、报表的填写也要遵循统一的格式要求，不能随意变更和增减。

管理会计主要是为内部使用服务，因此在格式、形式上不用于拘泥一定的格式和程序，可以根据企业需要自行设置。

(六）方法体系不同

财务会计经过多年的发展，体系和方法都日趋完善、稳定，而且其多采用简单的数学方法。

管理会计因为需要对未来进行预测分析，往往需要采用更为复杂的数学方法。近年来，管理会计更是吸收了很多其他学科的方法和理论。

(七）工作程序不同

财务会计的工作程序固定，从制订记账凭证到依据记账凭证登记账簿，再到根据账簿资料编制报表，这一过程会周而复始地进行，也就是我们经常所说的会计循环。这一循环中各个环节的顺序不能随意变更。企业因行业、业务、规模等因素，涉及的会计科目可能有差异，但是会计工作的流程也就是会计循环都是一样的。

管理会计则没有严格的程序要遵循，往往由企业根据自身的特点和需要自行选择设定。管理会计工作也没有严格的时期性，根据企业需要可以随时进行。因此，各个企业之间的管理会计会有很大差异。

(八) 体系的完善程度不同

财务会计经过多年的发展，已经十分成熟完善；而管理会计体系尚不够完整，还需要不断发展完善。

(九) 观念和取向不同

财务会计将关注的重点放在了如何准确反映经济业务以及如何通过会计方法进行记录，要实现的是对企业财务状况的反映和对经营成果的反映和控制。

管理会计不再是经济业务的记录，更多的是建立在财务会计反映的会计信息的基础上，对会计信息进行分析处理，并结合企业内外部情况进行预测分析，为企业决策提供依据。

(十) 对会计人员素质的要求不同

财务会计工作的工作流程相对固定成熟，需要由具备扎实的专业知识、细心耐心、性格沉稳的人来完成。

管理会计更多的是对会计信息进行分析处理，对未来进行预测，并对企业决策提供依据，因此管理会计人员经常需要和其他部门沟通交流。这就要求管理会计人员除了具备基本的会计基础知识外，还要有良好的人际沟通、组织协调能力，同时还要具备相应的写作、口头表达等多方面的技能。

三、管理会计与财务会计在实际工作中的有机结合

在激烈的市场竞争下，越来越多的企业开始认识到了管理会计的重要性，不少企业都开始转变观念，引入了管理会计的一些方法用以提高企业经营效益，并取得了相应的成果。随着企业观念的转变，在企业实践中，财务会计和管理会计实现了从原来的机械生硬的结合转变为现在的有机结合。财务会计可以实现企业经营业务的记录反映，满足企业对外报送报表，提供会计信息的需要；管理会计通过对会计信息的处理分析，可以在成本管理方面为企业增产节约出谋划策，在预测决策方面为企业进行预算管理。在实践中将财务会计和管理会计有机结合，可以使两者能在更大程度上为企业发展服务。

(一) 成本管理

成本管理始终是企业管理的重要方面，特别是现在竞争日趋激烈，企业通过增加销售提高利润越来越困难的情况下，越来越多的企业开始认识到要通过内部成本控制来实现成本的节约，进而拓宽利润空间。相比传统财务会计在企业利润核算中出现的“销量未变，仅仅产量降低，反而利润提高”的利润怪相，管理会计通过变动成本法、

标准成本法在成本核算的同时也能有效地进行成本管理。

（二）全面预算管理

全面预算是结合企业的历史资料以及目前发展情况，对未来经营进行有效的预测，并通过一系列预算表将企业未来经营情况以数值形式进行反映。全面预算表既是企业未来经营的计划，也是企业实际经营的考核标准。在实际经营中，将实际经营结果和预算数进行比较，通过差异分析发现问题，可以进一步挖掘企业成本节约、增产增效的潜力。

经济越发展，对于企业会计工作、财务管理的要求就越高，同时管理会计和财务会计的理论和方法也在不断完善，两者也更加紧密地结合在一起，发挥各自的优势，为企业经营管理服务。

第五节 管理会计新兴理论

一、责任会计

■ 谁应该为增加利润负责？

光明保健品有限公司的主要产品为保健品，市场销售旺盛；特别在春节前后，保健品市场是旺季，往往销量大增，供不应求。春节前，销售部门要求生产部门突击生产，加班加点，增加产量，通过增加销量以增加利润。然而，这一增加企业效益的措施却受到了生产部门反对。生产部门认为这会打乱全年生产计划，而且节假日加班要支付双倍甚至三倍的工资，产品中包含的人工费必定会提高，那么产品的生产成本也会提高，对生产部门的成本指标考核很不利。销售部门则提出，在春节前后这样的旺季，若因为生产部门不肯生产而错失商机，企业会失去大量顾客，势必会影响收入和利润指标。双方争执不下，最后总经理请财务部门提出处理生产部门和销售部门之间矛盾的意见。

请问：假如你是财务部经理，应该怎样回答这个问题？

（一）责任会计的含义

责任会计是指以企业内部的各个责任中心为会计主体，以责任中心可控的资金运动为对象，对责任中心进行控制和考核的一种会计制度。

（二）责任会计的产生与发展

责任会计的产生可追溯到 19 世纪末 20 世纪初。在这个时期，工业革命带来生产率的极大提高，产品大量生产，企业越来越认识到要对成本进行管理和控制，使成本会计有了飞速的进步，因此这一时期被称为“成本计算的文艺复兴时期”。在这之前，会计工作尽管也会对成本进行核算，但是由于反映成本数据的方法有限，成本数据并没有对企业管理产生价值，导致企业对于成本数据关注得并不多。通常，企业计算成本的主要目的是确定产品成本。在这种情况下，成本计算并没有对生产中的价值转移进行反映，成本核算数据粗略，不能为企业管理服务，更没办法进行实际成本与标准成本的比较，以及让每个人对自己的绩效承担责任。在1885～1920年，随着物价持续下跌，竞争加剧，企业意识到必须通过成本管理为企业提升竞争力，拓宽利润空间。

成本会计的发展，尤其是以泰罗的“科学管理”为基础的标准成本制度的出现，为企业管理提供了一个全新的视角。企业管理者也开始意识到要进行成本管控，而且将成本责任落实到责任主体是十分有必要的。与此同时，预算管理的出现使责任制度从成本控制领域扩展到利润和资金等管理领域，企业逐渐意识到只有对各个部门进行权利和责任的划分，明确责任才能进行有效的控制。历史经验表明，当责任被会计所认知，开始被会计落实到责任主体时，责任会计开始萌芽；尽管责任会计在当时还是小芽，但是之后它逐渐长成了参天大树。

20世纪40年代后，责任会计从理论和方法上都趋于成熟，在企业管理实践中的作用也日益凸显。第二次世界大战后，激烈的竞争推动企业在内部管理上寻求突破，企业也越来越重视内部管理的优化和提升。在这种情境下，原来的集权管理显然已经不适合大企业，分权化管理和事业部制被大型企业采用，并发挥出了其在促进内部管理上的优势。

对事业部制的企业进行管理控制，需要完善的责任会计制度。面对实践的需求，责任会计被越来越多企业所重视，而且人们对责任会计所使用的各种方法进行了细微的改进和新的应用，最终形成了现代管理会计中的责任会计。

责任会计是一种管理制度。不同于集权管理，为了将责任落实到具体的对象，以使权责明确，更有效地进行内部的管理控制，责任会计在企业内部设立了不同层级的责任中心，通过对责任中心的管理实现对企业的管理。责任会计的本质是通过明确权利、责任，让每个责任主体承担相应责任，进而实现对企业内部的控制管理。

20世纪80年代，责任会计的概念被引入我国。其实早在20世纪50年代，我国的管理实践中就有了责任会计的影子。例如，很多企业推行的内部经济核算制度，以及在20世纪60年代推行的物资归口分级管理、企业原材料管理中的限额领料、对于人工费计量中的计件工资等，都是将产品产量、质量、成本消耗等同劳动者的责任相联系，将工作量与个人报酬相结合，即多劳多得，少劳少得。这样的报酬和工作量相对应的成本管控方式其实就是我国责任会计的雏形。进入20世纪80年代以后，我国经济发展进入了全新的阶段，我国大力推进经济体制改革。在具体的企业经营实践中，企业通过尝试各种类型的经济责任制，打破了原来的“大锅饭”，在企业经营中进行权利、责任确定。这样的做法将职工的工作奖金和职工的工作相挂钩，将职工的收入报酬和企业的整体经济效益相联系，使责任会计得到了长足发展。

（三）责任会计的内容

1. 建立责任中心。根据企业的具体情况和内部管理的实际需要，把所属各部门，各单位划分为若干责任中心，并规定这些中心的负责人，确定责任人分工负责的成本、收入、边际贡献、税前利润与投资效益等重要指标，同时赋予他们想要的经济权力。各级负责人以其可以控制的成本、收益等向其上级管理部门承担经营管理责任。

2. 编制责任预算。根据企业整体的目标，将全面预算中的任务分解到每个责任中心，保证责任中心的目标和企业目标一致。责任中心的预算是对责任中心实际经营结果考核的标准，通过比较实际经营结果和预算，可以挖掘成本节约的潜力。

3. 建立跟踪系统。对每个责任中心的实际经营情况进行跟踪记录，通过记录的数据资料，对责任中心的情况进行及时反映，并通过反馈信息不断调整和修正责任中心的实际经营情况。

4. 进行反馈控制。通过跟踪记录，将实际经营情况与预算进行比较，发现问题，寻找原因。对于成本节约的情况要予以嘉奖，对于成本超支的情况，要深入分析原因，寻找有效节约成本的途径，不断推动企业成本管控工作。

5. 考评工作绩效。科学有效的考核无疑能促进企业成本管理，提升企业管理水平，提高企业经济效益。合理的考核依据十分重要，因此企业要科学地制订考核依据，展开公正的考核。同时，企业应明确考核标准，实现全员参与考核，让每个员工都能意识自己就是成本管控的主体，从而全面推进成本管理。

（四）责任会计的核算原则

责任会计制度的建立因企业而异，不同企业的具体做法各有差别。但是，不同企业的责任会计核算原则基本是一致的，具体有以下五条。

1. 可控性原则。责任会计的实施就是要让责任落实到责任主体，避免因为责权不清，而导致的相互推诿、不承担责任的情况。要想有效实施责任会计制度，必须先明确各责任中心以及可控的相关成本，即每个责任单位只能对其可控的项目负责，对于非可控的项目则应排除在外。例如，生产车间是一个成本中心，那么在对生产车间进行考核的时候，就不能将收入作为考核指标，因为生产车间不管销售；如果用销售收入高低来评价生产车间的工作绩效，不仅不能有效促进经营管理，还会挫伤员工的积极性，带来消极的影响。

2. 目标一致性原则。如前所述，责任会计是通过落实责任、承担责任实现内部控制的，而有效的控制肯定离不开各责任单位的分工合作和有效协调。企业建立责任会计，明确责任义务也是为了能更有效地实现控制，以统一各个责任中心的目标，使之为企业整体目标服务。

在责任会计中，要使得各个责任单位的目标和企业的整体目标一致，就需要科学地选择和设置考核指标。首先，各个责任单位的目标与企业的整体目标一定要相一致的；其次，通过各种措施，激发各责任中心的工作积极性，使得工作围绕企业总体目标展开，并为实现企业总体目标努力。应该注意的是，有些目标可能会引起责任中心相互之间或者责任中心和总目标之间的分歧，因此考评指标的综合性与完整性是责任会计中的重要问题。

3. 责、权、利相结合的原则。在责任会计中，责任人一定要承担责任中心的责任，通过考核评价对员工进行有效激励，激发员工的积极性，真正发挥责任会计的作用。因此，责任中心的考核一定要合理。

4. 反馈性原则。对责任中心的经营活动进行跟踪记录并及时反馈是十分重要的。在大数据时代，对大量数据进行详细记录，通过对数据的分析处理及时向企业进行信息反馈成为可能，能够有效促进企业的经营管理。因此，建立有效的反馈机制十分重要。

5. 及时性原则。高效的反馈系统能对各种情况进行反馈，方便企业管理者调整行为。因此，各个责任单位在编制业绩报告以后，要及时寻找报告反映出来的问题的产生原因，找到责任方，进行相应的调整。及时性原则使得责任会计的业绩报告不需要像财务会计报告那样定期编制，更多的是根据企业需要编制。例如，根据管理需要，可以每旬、每周甚至每天编制一次业绩报告，从而及时发现问题，迅速进行调整。

二、责任中心及其考核

（一）成本中心的含义

成本中心是指只对其成本或费用负责的责任中心，在责任中心中处于最底层。

成本中心一般包括负责产品生产的生产部门、劳务提供部门以及给予一定费用指标的管理部门。其实任何只发生成本的责任领域都可以是成本中心，即成本中心可以是一个分支机构、一个生产部门甚至是一个员工。对这类责任中心的考核只是成本，不包括其他内容。

成本中心所发生的各项成本，可以根据成本是否为成本中心控制分为可控成本和不可控成本。其中，可控成本是成本中心需要负责的成本。

一般来讲，可控成本应同时符合以下三个条件。

1. 责任中心能够通过一定的方式了解将要发生的成本。

2. 责任中心能够对成本进行计量。

3. 责任中心能够通过自己的行为决策影响成本。

如果一项成本不能同时达到这三项条件，就不能称之为可控成本，也就不在成本中心的责任范围内。

【相关链接】

可控成本与直接成本、变动成本的关系见表1-1。

表1-1 可控成本与直接成本、变动成本的关系

项目	定义	对应概念
可控成本	在特定时期内、特定责任中心能够直接控制其发生的成本	不可控成本
直接成本	可追溯到个别产品或部门的成本	间接成本
变动成本	随产量正比例变动的成本	固定成本

【提示】

1. 对生产的基层单位来说，产品用的材料、人工的投入一般是可控的。例如，工长的工资可能是直接成本，但工长无法改变自己的工资，那么对他来说该成本是不可控的。对于最基层单位而言，其可控的成本基本就是一些直接成本，当然也包括一些间接成本。例如，机物料的消耗可能是间接计入产品的，机器操作工显然可以控制机物料的使用量。

2. 对生产部门而言，可控成本基本就是一些如原材料之类的变动成本，但如果生产部门只是负责生产，对于产量没有决定权，只是接受上级分配的产量任务进行生产，那么一些变动成本也就变得不可控了。固定成本并不是不可控成本，这是两个不同的概念。固定成本是指在一定的产量范围内，不会随着产量变动而变动的总量固定不变的成本，如折旧费、广告投放费用、新产品市场调研费等都是固定费用，但是折旧费是不可控费用，而广告投放费用、新产品市场调研费则是可控费用。

（二）成本中心的特点

1. 成本中心只考评成本费用，而不考评收益。

2. 成本中心只对可控成本承担责任。

3. 成本中心只对责任成本进行考核和控制。责任成本是各成本中心当期确定或发生的各项可控成本之和。

【相关链接】

责任成本与产品成本的关系

1. 区别：归集和分配的对象不同。

（1）分配的原则不同。

（2）核算的基础条件不同。

（3）核算的主要目的不同。

2. 联系：二者都是由生产经营过程中的资金耗费构成的。

在一定时期内，产品成本应该等于责任成本加上非责任成本。

（三）成本中心的分类

成本中心有两种：基本成本中心和复合成本中心。

基本成本中心是指最底层、没有下属的成本中心，如生产班组、工段、甚至生产工人个人。只要不能再继续往下分解，那么它就是一个基本成本中心。

复合成本中心指较高层次的成本中心，它是由若干个下属成本中心构成的，如生产车间、分厂等。在复合成本中心的下面有若干个低层次的基本成本中心。

（四）成本中心的考核

可控成本才是责任中心考核的指标。例如，对于生产车间而言，对于原材料的使用量是其可以控制的，但是原材料的价格是生产车间不能控制的，因此在对成本中心进行考核时，就不能将原材料作为考核指标。为确保考核的有效性和合理性，责任成本除包括成本中心发生的直接可控成本外，还应当包括分摊给成本中心负责的间接可控成本，具体见表 1 - 2。

表 1 - 2　成本中心业绩评价报告

项目	实际	差异
可控成本		
直接材料	21500	－700
直接人工	12000	100
管理人工工资	4000	—
维修费	2900	－300
物料费	1000	50
其他	600	10
合计	41100	－840
不可控成本		
设备折旧	2400	—
房屋部门费用	3200	—
其他受分配费用	3780	—
合计	9380	—
总计	50480	－840

1. 成本中心的考核指标。

(1) 成本（费用）变动额＝实际可控成本（或费用）－预算可控成本（或费用）

(2) 成本（费用）变动率＝成本（或费用）变动额/预算责任成本（或费用）

【案例 1 - 1】

长江公司的生产车间只生产甲产品，不负责产品销售，因此是一个成本中心。其预算产量是 5500 件，单位标准材料成本为 100 元/件（假定：100 元/件＝10 元/千克×10 千克/件），实际产量是 6500 件，实际单位材料成本 96 元/件（假定：96 元/件＝12 元/千克×8 千克/件），假定其他成本暂时忽略不计，则责任成本变动额＝96×6500－100×6500＝－26000 元（有利差异）

$$责任成本变动率=-\frac{-26000}{100\times6500}\times100\%=-4\%\text{（有利差异）}$$

计算结果表明：该成本中心的成本降低额为 26000 元，降低率为 4%。结合标准成本法的成本差异分析，差异原因分析如下。

材料价格上升对成本的影响：

(12－10) ×8×6500＝104000 元 (不利差异)

材料用量降低对成本的影响：

(8×6500－10×6500) ×10＝－130000 元 (有利差异)

该成本中心的直接材料成本节约了 26000 元。

2. 原因分析与评价。

(1) 材料采购价格上升使成本超支 104000 元，这属于第一车间的不可控成本，应将此超支责任由该车间转出，由采购部门承担。

(2) 材料用量降低使得成本节约了 130000 元，而材料用量是成本中心的可控成本，即成本中心在成本节约中做出了贡献，应该获得嘉奖的。

(五) 利润中心的含义

利润中心是指既会产生成本，又能取得收入，并根据收入、成本计算利润的责任中心。例如，企业的分厂既生产产品又销售产品，即分厂既可以控制成本又能影响收入，因此成本和收入都应该由分厂负责。

(六) 利润中心的类型

1. 以对外销售产品而取得实际收入为特征的自然利润中心。能完全自主制订价格的自然利润中心为完全的自然利润中心；反之，没有自主价格制订权，只能按照上级安排的价格进行销售的自然利润中心为不完全的自然利润中心。

完全的自然利润中心还应拥有材料采购权和生产决策权。

2. 以企业内部各部门之间相互提供产品而取得内部销售收入为特征的人为利润中心。根据内部收入不同的计价基础，人为利润中心可分为两种：一种是包含利润在内的内部结算价格；另一种是成本型内部结算价格。

(七) 利润中心的考核

由于利润中心既能通过生产活动产生成本，又能通过销售活动产生收入，利润中心必定存在经营成果的核算。因此，要根据成本、收入、利润指标对利润中心进行考核评价。

利润中心的考核指标主要是利润，但利润中心也会存在可控和不可控成本，因此对利润中心的考核也引入了以下指标。

部门边际贡献＝部门销售收入－部门变动成本总额

税前利润＝部门边际贡献－部门发生的固定成本－上级分配的间接固定成本

上级分配的各利润中心的间接固定成本，一般不再往下分配。在这种情况下，各利润中心的边际贡献在减去各自直接发生的固定成本以后的结果是“边际贡献净收益”，而不是“税前利润”，见表 1－3。

表 1-3 利润中心业绩评价报告

项目	实际	差异
销售收入	166500	7600
变动成本		
制造	63270	−6500
销售	28305	4460
行政管理	3650	1340
合计	95225	−700
边际贡献	71270	8300
固定成本		
制造	33300	400
销售	6600	200
行政管理	9665	−15
合计	49565	585
边际贡献净收益	21645	7715

【案例 1-2】

长江公司的第二车间是一个人为利润中心。本期实现内部销售收入 40000 元，变动成本为 25000 元，该中心可控固定成本为 10000 元，中心不可控但应由该中心负担的固定成本为 3000 元，则利润中心边际贡献总额＝40000－25000＝15000 元，利润中心利润总额＝15000－10000＝5000 元，利润中心可控利润总额＝5000－3000＝2000 元。计算结果表明了该利润中心各项考核指标的实际完成情况。当然，如果要对车间的经营情况进行更详细的评价，评估实际工作中对于预算的完成情况，则需要对各明细项目进行分析。

(八) 投资中心的含义

投资中心是指对投资负责的责任中心。

其特点是不仅对成本、收入和利润负责，也对投资效果负责。

投资中心一定是利润中心，但是它比利润中心多了对于资金使用的权限。投资中心既有生产又有销售，又能进行资金分配使用。因此，对于投资中心而言，其考核的指标不仅有生产经营情况、经营结果，还有投资效益。

(九) 投资中心的考核

投资中心需要利用以下两个指标，以便计算、分析利润与投资额的关系。

投资利润率（ROI）是指投资中心所获得的利润与投资额之间的比率。

$$ROI=\frac{利润}{投资额}$$

公式中的投资额有两种含义。

1. 投资总额，即企业的投资规模，一般由资产总额反映。此时的利润一般为息税前利润，这也是比较常用的形式。

2. 投资者权益，即投入资本加上留存收益，一般用所有者权益反映。此时的利润是扣除利息的税前利润。

【案例 1－3】

某投资中心拥有资产 100 万元，负债 60 万元，息税前利润 20 万元，利息 6 万元，则投资报酬率＝20÷100＝20％，投资报酬率＝（20－6）÷40＝35％。因为利润是时期量，而资产是时点量，所以一般资产数据要取年初和年末的平均数。

1. 投资利润率的优点。

（1）能反映投资中心的综合盈利能力。

（2）具有横向可比性。

（3）可以作为选择投资机会的依据。

（4）可以作为评价投资中心经营业绩的尺度。

2. 剩余收益（RI）是指投资中心获得的利润与企业最低投资收益的差额。

剩余收益＝利润－（投资额×预期最低投资收益率）

【案例 1－4】

长江公司有甲、乙两个投资中心。2012 年，甲中心的净利为 40 万元，资产 200 万元，投资报酬率为 20％；乙中心的净利为 10 万元，投资报酬率为 10％。甲中心现有一个投资项目，投资金额为 200 万元，期望利润为 35 万元，则公司的净利＝40＋10＝50 万元，公司的资产＝200＋100＝300 万元，公司的投资报酬率＝50÷300×100％＝16.67％。若甲中心接受该项目，则甲中心的投资报酬率＝（35＋40）÷（200＋200）×100％＝18.75％，公司的投资报酬率＝（35＋40＋10）÷（200＋200＋100）×100％＝17％。由以上计算结果可知，接受项目后，甲中心的投资报酬率不增反降，但公司的投资报酬率有所提高。从投资报酬率来看，甲中心不会接受这样的投资项目，但从公司的整体利益来看，甲中心应该接受项目以提高公司的收益。显然，投资报酬率指标会引起甲中心的利益与公司的整体利益的不一致，因此需要引入剩余收益指标进行评价。

计算剩余收益需要知道企业最低投资报酬率，此处将最低投资报酬率设定为 10％。甲中心在接受投资项目前的剩余收益＝40－200×10％＝20 万元，公司在甲中心接受投资项目前的剩余收益＝50－300×10％＝20 万元。若甲中心接受该项目，则甲中心的剩余收益＝（40＋35）－（200＋200）×10％＝35 万元，公司的剩余收益＝（50＋35）－（300＋200）×10％＝35 万元。

由此可见，甲中心接受投资项目后不仅可以提高甲中心的剩余收益，而且也可以提高公司的剩余收益。因此，甲中心应该接受此项目。

如果我们要在不同部门之间进行比较选择，剩余收益就不那么合适了。因为规模较大的部门容易获得较大的剩余收益，但其投资报酬率不一定高。因此，在对部门进行评价的时候，要根据部门的特点，具体的内部因素选择相应的指标。

三、业绩评价及平衡计分卡

■小老鼠引发的思考

■三个和尚没水喝的后续……

经过白天的争执，三个和尚尽管很口渴，但是谁也不愿意去理对方。半夜里，一只老鼠戏剧性地出现了，它在庙里上蹿下跳。本来和尚们肯定会赶走老鼠，但是这时三个和尚都认为这件事不该自己去做，应该由其他人做。于是，老鼠肆无忌惮地乱跑，不小心撞翻了蜡烛，烛火烧着了幔布。眼看着寺庙要烧着了，三个和尚终于坐不住了，根本顾不上刚才的矛盾，赶紧分工合作，一个挑水，一个泼水救火，一个用扫把扑打。大家通力合作，大火很快就被扑灭了！

经此一事，三个和尚明白了，相互推诿对大家都没有好处，要想大家都有水喝，必须要分工合作。

通过三个和尚没水喝的故事，大家应该多少能感受到，职责不清、没有工作考核最终会导致责任不明、相互推诿。

（一）业绩评价的概述

业绩评价是对已实现的经营活动结果与原有的计划、标准进行比对，并对实际中的计划执行情况进行考核、评价，进而对管理者做出后续决策提供信息支持。业绩评价既有考核功能又有评价功能。

【相关链接】

在20世纪中期以前，业绩评价还未受到企业重视。很多母公司只关注子公司的资金状况、现金流量情况，没有真正考核和评价子公司的经营情况。这个时期的主要指标是销售利润率，虽然销售利润率能促使子公司实现高销量和高收入，但是很多子公司在支出和成本控制方面出现了大量浪费导致高成本，从而影响了集团整体的效益。

20世纪70年代以来，投资报酬率因为能够反映投入资本和报酬之间的对应关系以及投资者投入资本的收益性，被企业界普遍接受。也有一些非财务指标被引入考核评价。这一时期人们普遍关注投资收益性，企业之间的评价也存在很大的差异性。

20世纪80年代国际上形成了以预算与实际利润比较、投资报酬率、现金流量等财务指标为主的业绩评价方法体系。由于各国企业管理者考虑问题的出发点不同，对评价指标的选取也有所区别。美国公司比较注重企业的获利能力，选取投资报酬率作为评价指标，占被调查公司的75%；而日本公司则倾向于把销售收入作为最重要的评价指标，占被调查公司的69%；仅有7%的企业把投资报酬率作为评价指标。在这一时期，很多企业都已经意识到一些非财务指标对于企业经营决策会有很大影响，因此开始将一些非财务指标作为补充指标来完善业绩评价。

20世纪末，全球化进程加快，信息技术突飞猛进，信息技术对企业生产活动、管理行为产生了巨大的影响，这就要求业绩评价模式变革创新。

1. 大部分跨国公司认为，预算具有淡化战略意识、难以促进企业业绩持续提高的缺陷。因此，预算的作用日趋减弱，取而代之的是能适应战略部署、规划、资源配置和业绩管理的新方法。

2. 非财务指标的作用越来越重要。关注客户情况、注重顾客满意度的提升、重视企业创新、关注企业学习成长、增加各种研究投入已形成国际标准。有研究者认为，非财务指标更能促使企业改进管理。目前公认的评价跨国公司业绩的非财务指标有市场占有率、产品质量、交货效率和可信赖程度、敏感性与应变能力、员工积极性、创新能力以及顾客满意程度等。

3. 强调创新、学习和知识等无形资本的评价。一方面，在知识经济时代，企业要想在竞争中脱颖而出，势必要增加无形资产的投入，将更多资金投入产品研发、企业创新领域。通用电气公司是美国最先进行战略调整和管理改革的企业，在20世纪90年代初就明确提出产品生产已不再是其经营重点，企业将更加关注提供服务而不是制造产品。另一方面，人才的作用也被企业所重视，很多企业都开始意识到人力资源对于企业发展的重要性，越来越多的企业开始探索人性化管理，以人为本。因此，企业文化、员工归属感、员工对企业的认同感等指标也被作为重要考核指标。

4. 业绩评价的方法。

（1）指标法：通过设置各类指标对企业业绩进行评价的方法。完善、科学的指标评价体系应该包括内外部指标、长短期指标、财务和非财务指标。

（2）杠杆法：企业的经营业绩可以通过一定的参照物来对其过程和结果进行评价，参照物即评价杠杆。常用的评价杠杆包括预测值、预算值、相对值等。

（3）综合业绩评价：从企业的各个方面，包括财务和非财务角度以及短期与长期、领先与滞后等指标进行综合业绩考核的一种评价方法。

（二）平衡计分卡概述

平衡计分卡以企业战略为导向，通过财务、客户、内部业务流程、学习与成长四个方面及其业绩指标的因果关系全面管理和评价企业综合业绩。它既是一个绩效评价系统，又是一个有效的战略管理系统。

1. 平衡计分卡的产生和发展。平衡计分卡于1992年被卡普兰（Kaplan）与诺顿（Norton）首次提出，目前已被理论界和企业界普遍认可。在企业的实践中，平衡计分卡也被不断完善提升，从最初诞生时的业绩评价工具转变成了战略管理工具，如图1－2所示。

2004年，卡普兰与诺顿在《战略地图》一书中介绍了战略如何在组织管理中实现可视化，从而描述组织的无形资产转化为有形成果的路径。他们还在无形资产的衡量和管理上，提出了“战略准备度”这一新的概念。

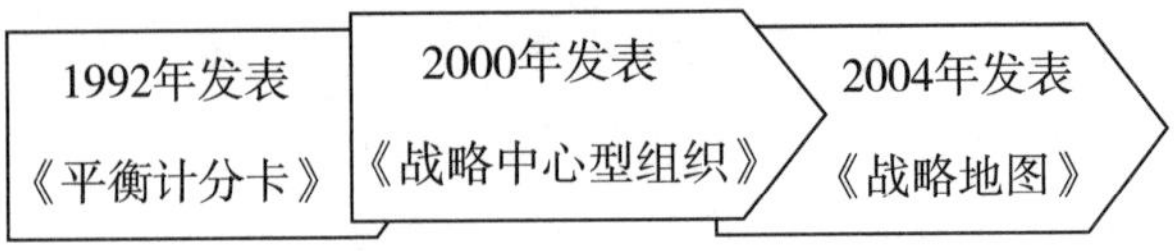

1992年发表《平衡计分卡》
2000年发表《战略中心型组织》
2004年发表《战略地图》

图 1－2　平衡计分卡的产生和发展

2. 平衡计分卡的基本内容。平衡计分卡从财务、客户、内部业务流程、学习和成长四个方面进行业绩计量与考核，如图 1－3 所示。

财务角度：由于注重股东财富的增加，企业价值的提升，财务角度关注两个方面，一是扩大销售，增加收入；二是致力成本改革，加强成本的管理和控制。

客户角度：客户角度关注客户对企业发展的影响，因此引入了先进的客户管理系统，建立了客户档案，以定时随访，及时反馈客户的需求变化、客户偏好；针对不同客户提供不同的营销策略；通过市场分析，数据采集，数据加工分析，挖掘潜在客户，通过网站等媒体进行定向推送。

内部流程角度：内部流程角度关注企业在哪些流程上能保证战略目标的实现，因此注重优化业务流程；制订和完善相关的管理制度；通过制度使相应的管理措施具体化、可行化和可控化。

学习成长角度：学习成长角度关注企业的创新、学习能力、人力资源建设，注重企业文化的培养。

图 1－3　平衡计分卡的基本内容

3. 平衡计分卡的平衡作用如图 1－4 所示。

财务与非财务：平衡计分卡源自于解决单一财务指标的弊端，它要求从财务和非财务的角度思考公司战略目标及考核指标，因为财务指标是一种滞后的结果性指标，只能反映公司过去发生的情况，不能告诉企业如何改善业绩。财务与非财务的平衡强调的是企业不仅要关注财务绩效，更要关注对财务绩效产生直接影响的驱动因素。

短期与长期：平衡计分卡既关注短期的经营目标和绩效指标，也关注长期的战略目标与绩效指标。也就是说，平衡计分卡既关注企业的长期发展，也关注近期目标的完成，能够使企业的战略规划和年度计划得到有效的结合，保证企业的年度计划和企业的长远发展方向保持一致。

内部与外部：平衡计分卡将评价的视线范围由传统上的只注重企业内部评价扩大到企业外部，包括股东、顾客。关注公司内外的相关利益方，能有效地实现外部（如客户和股东）与内部（如流程和员工）之间的平衡。

前置与滞后：平衡计分卡强调的领先与滞后的平衡主要涉及两个层面。一方面强调企业不仅要关注事后的结果，更要关注影响结果的因素和过程；另一方面强调企业既要关注能反映企业过去绩效的滞后性指标，也要关注能反映、预测企业未来绩效的领先指标。

图 1－4　平衡计分卡的平衡作用

4. 平衡计分卡的实施程序如下。

(1) 制订企业的战略方向：企业首先需要明确未来的发展方向，确定企业长期的战略方向，明确企业的战略目标，深入分析客户和市场，找到企业未来的发展机会，然后围绕战略目标确定企业各部门的目标。

(2) 拟订战略目标：在明确未来战略目标的基础上，根据企业的具体情况，结合内外部环境，分析企业的优势、劣势、机会和潜在的威胁，选择合适的竞争策略，如图 3-8 所示。

(3) 选取评价指标：根据平衡计分卡所确定的基本框架，确定平衡计分卡各个方面的对应战略目标，确定关键指标，并构建指标评价体系。

(4) 执行具体战略：确定了绩效考核指标和目标之后，系统科学的绩效考核内容设定体系便形成了。通过书面形式即可形成正式的考核制度，并告知所有员工知晓。

(5) 评估执行结果：建立健全的考核体系，将员工奖金、晋升、教育培训等与员工所完成的平衡计分卡的情况直接挂钩，形成有效的管理回路。在薪酬结构方面，应建立绩效考核和年终奖金，对平衡计分卡完成好的员工进行奖励，对完成不佳的员工进行惩罚。在教育培训方面，对优秀员工提供教育培训，要求业绩不佳者进行强制性学习。在晋升方面，建立优胜劣汰、能上能下的机制，实行能者上、平者让、庸者下。通过平衡计分卡管理者可以对企业经营结果进行有效评价，通过平衡计分卡对员工工作情况进行综合的考评，通过奖罚分明的考核制度实现对员工的激励，激发员工潜能，并形成良好的企业文化氛围，提升企业绩效水平。

(6) 执行结果的反馈和调整：根据业绩评价的反馈结果，发现战略执行过程中的问题，并针对问题形成相应的策略，同时根据反馈结果调整战略规划，并向未来战略规划、企业预测、决策提供支持。

四、战略管理会计

(一) 战略管理会计的产生与发展

经济发展、实践的进步总是会催生理论和方法的创新。随着经济发展，信息技术进步、科技在企业生产经营活动中的应用，企业开始意识到企业组织和开展生产、销售等活动不可避免地要考虑各种内外部环境的影响，因此各种战略管理理论被应用到企业的管理会计实践中，战略管理会计开始形成和发展。

(二) 战略管理会计的含义和特征

1. 战略管理会计的含义。战略管理会计是围绕企业战略管理目标，从战略角度对企业的各项活动进行战略分析，并从财务角度，对企业的战略目标进行分解，通过财务角度为企业战略管理提供支持的会计分支。

2. 战略管理会计的特征。

(1) 战略管理会计更注重企业外部环境。在战略管理会计视角下，管理会计的各项活动都是围绕企业的战略目标，为企业战略管理服务，因此管理会计对企业活动的分析不仅仅是基于企业内部，还会更多地关注企业外部环境。管理会计通过对企业财务信息、非财务信息以及内外部情况的分析，能够让管理者清楚企业所处的地位，以及如何应对企业面临的问题。

（2）战略管理会计更加注重长远目标和全局利益。战略管理强调企业的长期规划，关注企业的长远利益，在为企业提供决策支持的时候立足长远和全局利益，考虑企业的长期发展。

（3）战略管理会计提供更多的与战略有关的非财务信息。与传统会计不一样，管理会计是为企业战略目标实现服务，因此管理会计除了对传统财务会计提供的财务信息进行分析之外，还要关注非财务信息，如企业所处的商业环境、企业所处的社会环境等。

（4）战略管理会计是一种综合的风险管理。战略管理会计从企业战略角度出发，通过对各种信息的分析，在为企业寻找发展机会的同时，及时发现企业存在的问题，以及企业可能面临的风险，如政策变化、竞争对手策略、多元化经营等导致的企业经营风险，并采取相应措施加以规避，保证企业稳定经营。

（三）战略管理会计的基本内容

1. 战略目标制订。坚持关键性原则、平衡性原则、权变原则、可行性原则、定量化原则，充分分析企业的内外部环境及行业未来走向，根据企业自身情况确定可行的战略目标。

2. 战略成本管理。建立和完善成本管控系统，从采购、生产、销售、内部运营各个环节对成本进行跟踪、分析和控制，不断挖掘企业成本管理潜力，实现成本的有效、科学管理。

3. 经营投资决策。通过结合企业历史数据，分析企业所处的内外部环境、竞争对手策略等为企业经营活动提供决策支持；同时通过对未来的预测和风险分析，对企业的中长期投资进行分析决策。

4. 人力资源管理。充分认识到人的重要性，通过各种制度和方法对员工进行有效的激励，营造良好的企业文化氛围，通过团队建设增加员工归属感，从而激发员工的积极性，以实现员工对企业的贡献最大化。

5. 风险管理。在考虑各种风险因素的基础上，做出顾全大局、长远的、战略性的决策。

（四）战略管理会计的基本方法

1. SWOT 分析法。SWOT 分析法是对企业优劣势、机遇和威胁四个方面的分析，能够通过内外信息的收集确定企业自身优势，同时通过和竞争对手对比发现企业自身劣势，并通过对外部环境、市场进行调查和分析，发现存在的机遇和存在的威胁，并思考应对的措施。

2. 价值链分析。价值链是由企业从采购到生产再到销售核算出经营成果的各个产生价值的工作环节构成的。价值链管理分析是指对产生价值的各个环节进行价值分析和管理，识别增值环节和非增值环节，并进行相应管理。

3. 作业成本法。作业成本法不同于传统的成本计算方法，其以作业为动因进行成本分配和归集。通过作业控制可以对成本费用进行有效控制，对成本进行有效的管控，获得更多成本信息，方便企业进行成本分析。

4. 质量成本分析法。质量成本分析法是指对从产品的研制、开发、设计、制造，一直到售后服务整个寿命周期内的质量成本进行分析，包括预防成本、鉴定成本、内部保障成本和外部保障成本。

5. 目标成本规划法。目标成本规划法是对企业的未来利润进行战略性管理的技术。通过生命周期法可以确定新产品的生命周期成本，为企业进行产品研发和生产并预计价格和利润提供帮助。企业的目标成本是预计售价和期望边际利润的差额，从成本入手制定目标成本，可以使企业经营从一开始就开始控制成本，从而有效实现成本的管控。

第二章

管理会计工具概述

成本发生于企业生产经营的各个环节，成本的高低直接影响着企业利润，因此对于成本的有效控制和管理是企业管理活动的核心。管理会计关注企业内部管理，重视成本管控，通过运用管理会计工具可以对企业各个环节的成本进行科学有效地管理，进而拓展企业的利润空间。按应用领域，可以将主要的管理会计工具分为五类，具体见表 2-1。

表 2-1　按应用领域划分管理会计工具

应用领域	管理会计工具
预算管理	全面预算管理、经营预测
成本管理	变动成本法、本量利分析、作业成本法（ABC）、目标成本法、标准成本法
资金管理	营运资金管理
绩效管理	平衡计分卡（BSC）、经济增加值（EVA）、关键绩效指标（KPI）
其他	价值链分析、生命周期成本法、全面质量管理、准时生产方式（JIT）、内部转移定价、研发投资管理

第一节　变动成本法

一、变动成本法简介

（一）完全成本法及其缺点

完全成本法是指在计算产品成本时，将生产车间发生的所有费用都计入生产成本。因此，在完全成本法下，产品成本包括直接材料、直接人工和全部的制造费用。也就是说，产品成本既包括直接成本，又包括间接成本，因此完全成本法又被称为“吸收成本法”或“归纳成本计算法”。

用完全成本法进行企业内部管理时，计算的税前净利结果经常令人费解。例如，销量下降，生产总成本不变，随着产量增加，税前利润也有所增加；销量增加，生产总成本不变，产量下降，税前利润也有所下降。

【案例 2－1】

假定长江公司 2016～2017 年的产销情况如表 2－2 所示。

表 2－2 长江公司 2016～2017 年产销情况表

项目	2016 年	2017 年
期初存货量（件）	0	0
本期产量（件）	5000	12000
本期销售量（件）	5000	4000
期末存货量（件）	0	8000
销售单价（元）	8	8
单位变动成本（元）	2	2
固定成本总额（元）	12000	12000

按完全成本法计算的长江公司 2016～2017 年的税前利润见表 2－3。

表 2－3 按完全成本法计算的长江公司 2016～2017 年的税前利润表

项目	2016 年	2017 年
销售收入（元）	5000×8＝40000	4000×8＝32000
销售成本：		
期初存货成本	0	0
本期生产成本	4.4① ×5000＝22000	3② ×12000＝36000
可供销售产品的成本	22000	36000
减：期末存货成本	0	3×8000＝24000
销售成本合计	22000	12000
税前利润	18000	20000

注：①单位生产成本 4.4＝2＋12000/5000；②单位生产成本 3＝2＋12000/12000。

表 2－3 的数据表明，2017 年销量下降，销售单价、单位变动成本和固定成本总额相比上年均无变化，但是产量有大幅增加；而 2017 年的税前利润比 2016 年居然还增加 2000 元，这显然匪夷所思，似乎税前利润和销量没有关系而且受到了产量影响。这就给管理者一个误导，让管理者认为多生产能影响利润。

（二）变动成本法的产生及定义

从上面的例子可以看到，传统的完全成本法在对税前利润计算中会出现许多让人疑惑的结果，从而对管理层的决策造成误导。从对完全成本法的案例分析以及对企业中成本管理实践的观察可以发现两方面的问题：一方面是在日益激烈的竞争环境下，企业希望通过各种方法提升内部管理，并希望财务人员能为企业成本管理提供决策和方法支持；另一方面是由于完全成本法在成本管理上的欠缺，企业需要以更科学的方法为企业生产经营决策提供支持，这个时候就产生了变动成本法，如图 2-1 所示。

变动成本法，也称“直接成本法”或称“边际成本法”。在变动成本法下，基于成本形态进行成本分类，可以将总成本分解为变动成本和固定成本，在计算产品成本的时候只计入变动生产成本，将固定生产成本从传统意义的成本构成中剥离出来，和传统意义下的期间费用一起计入当期损益。

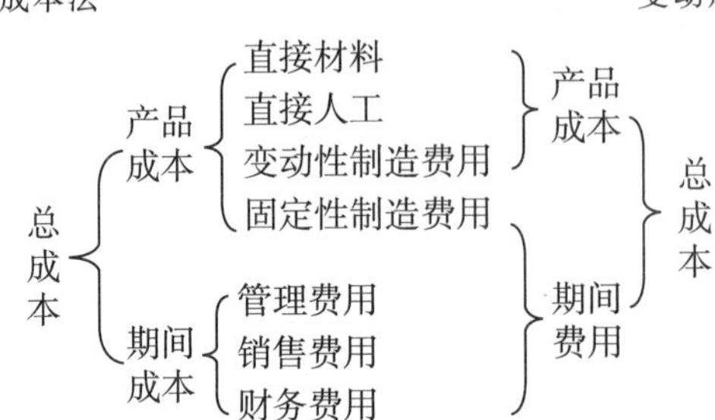

图 2-1 完全成本法和变动成本法的成本构成

（三）变动成本法和完全成本法的成本确认

1. 产品生产成本的确认。变动成本法和完全成本法最大的差异在于固定制造费用的处理。完全成本法不区分制造费用是变动还是固定，而是全部计入产品成本；固定成本更多的是和期间相关，与产量无关，因此变动成本法将固定制造费用从产品成本中分离开来，作为期间费用处理。不同的成本管理视角导致了产品生产成本确认上的差异，如图 2-2 所示。

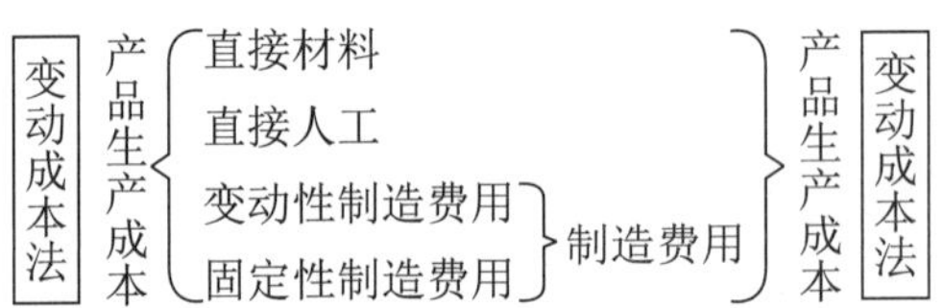

图 2-2 两种成本法下生产成本的确认

【案例 2-2】

长江公司 2018 年只生产甲产品，其产销量和成本资料见表 2-4，两种成本法下的产品生产成本计算见表 2-5。

表 2-4 甲产品产销量和成本资料表

产销量（件）		成本资料（元）		
期初存货	0	直接材料	8000	
本期产量	1000	直接人工	2000	
本期销量	900	制造费用	变动：2000	固定：3000
期末存货	100	销售费用	变动：500	固定：1000
销售单价	20（元/件）	管理费用	变动：200	固定：300

表 2-5 两种成本法下产品生产成本计算表

项目	变动成本法	完全成本法
直接材料	8000	8000
直接人工	2000	2000
变动性制造费用	2000	2000
固定性制造费用	—	3000
产品生产成本	12000	15000
单位产品生产成本	12	15

通过对表 2-5 进行分析可以发现，变动成本法下的单位生产成本比完全成本法下的单位生产成本少 3 元（3000÷1000）。其原因在于完全成本法下的固定制造费用被计入产品成本，因此单位产品成本中包含 3 元的单位固定制造费用；但是变动成本法将固定制造费用从产品成本中分离出去了。

2. 两种成本法下期间费用的确认如图 2-3 所示。

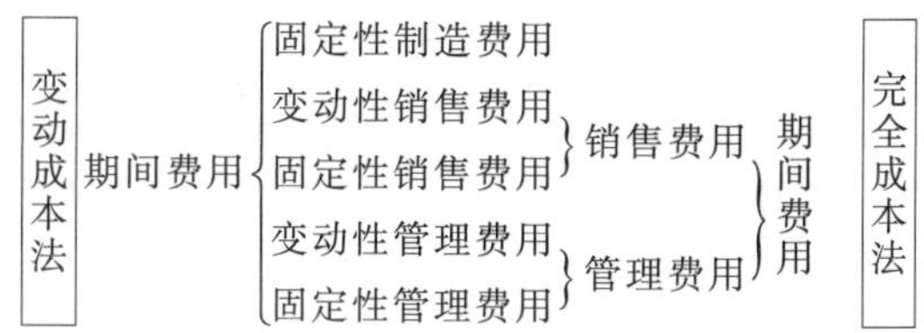

图 2-3 两种成本法下期间费用的确认

变动成本法下将固定性制造费用和完成成本法下的销售及管理费用一起作为期间费用，并将期间费用也分为固定期间费用和变动期间费用，一起计入当期损益。因此，在变动成本法下，除了完全成本法的期间费用，还多了固定制造费用。在变动成本法下，不管当期产量如何，固定制造费用都会被全部计入当期损益。

【案例 2-3】

假设某车间共有管理人员 2 名，工资按年薪制发放，每人每年 3 万元。2019 年，该车间生产 1000 件产品，销量 600 件，期初无存货。车间管理人员的 6 万元工资被计入制造费用，而且不管本年度产量如何，这 6 万元的工资费用均需要支出，因为车间管理人员的工资是不会随着产量增减变动的。此时的工资费用属于固定性制造费用，与产量无关，和期间相关。从配比角度来看，这样的固定制造费用显然和期间更配比，应该作为期间费用处理。从这个案例中可见，固定性制造费用只与期间相关。

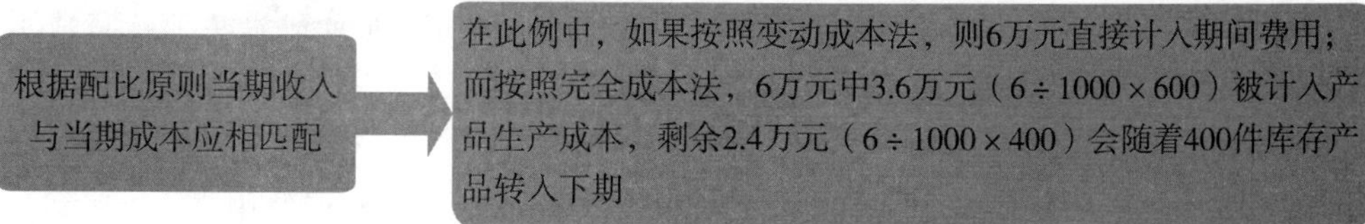

【案例 2-4】

【案例 2-2】在两种成本法下的期间费用见表 2-6。

表 2-6 两种成本法下期间费用计算表

项目	变动成本法	完全成本法
固定性制造费用	3000	—
变动性销售费用	500	500
固定性销售费用	1000	1000
变动性管理费用	200	200
固定性管理费用	300	300
期间费用	5000	2000

通过对表 2-6 进行分析可以发现，变动成本法下的期间费用比完全成本法下的期间费用多 3000 元，其差额的产生正是因为变动成本法认为固定性制造费用只与期间更为配比，固定制造费用应该被当成期间费用处理。

3. 存货成本的确认。通过对产品生产成本和期间费用的分析，可以看到两种成本法对成本考察角度是不一样的，两者最本质的区别在于固定制造费用是否被包含在产品的生产成本中。在变动成本法下，固定性制造费用作为期间费用当期全部转入损益中，不会随着存货转入下期；而在完全成本法下，所有制造费用都被计入产品，因此如果期末有存货，势必会有部分固定性制造费用随着存货成本转入下期。

【案例 2-5】

【案例 2-2】在两种成本法下的存货成本见表 2-7。

表 2-7 两种成本法下存货成本计算表

项目	期末存货（件）	单位产品生产成本（元/件）	总成本
变动成本法下的存货成本	100	12	1200
完全成本法下的存货成本	100	15	1500

通过对表 2-7 进行分析可以发现，变动成本法下的存货成本比完全成本法下的存货成本少 300 元（3000÷1000×100），这是因为在完全成本法下，本期生产的 1000 件产品中因为销售了 900 件，库存的 100 件产品中包含了 300 元（3000÷1000×100）的固定性制造费用；而在变动成本法下，因为固定制造费用全部被当作期间费用扣除，所以存货成本就是变动生产成本。

4. 销货成本的确认。由于两种成本法对产品生产成本、期间费用、存货成本的定义不同，二者对销货成本也必然有不同定义。图 2-4 说明了两种成本法下销货成本的构成。

销货成本的计算公式：

变动成本法下的销货成本＝直接材料＋直接人工＋变动性制造费用

完全成本法下的销货成本＝直接材料＋直接人工＋全部制造费用

＝期初存货成本＋本期生产成本－期末存货成本

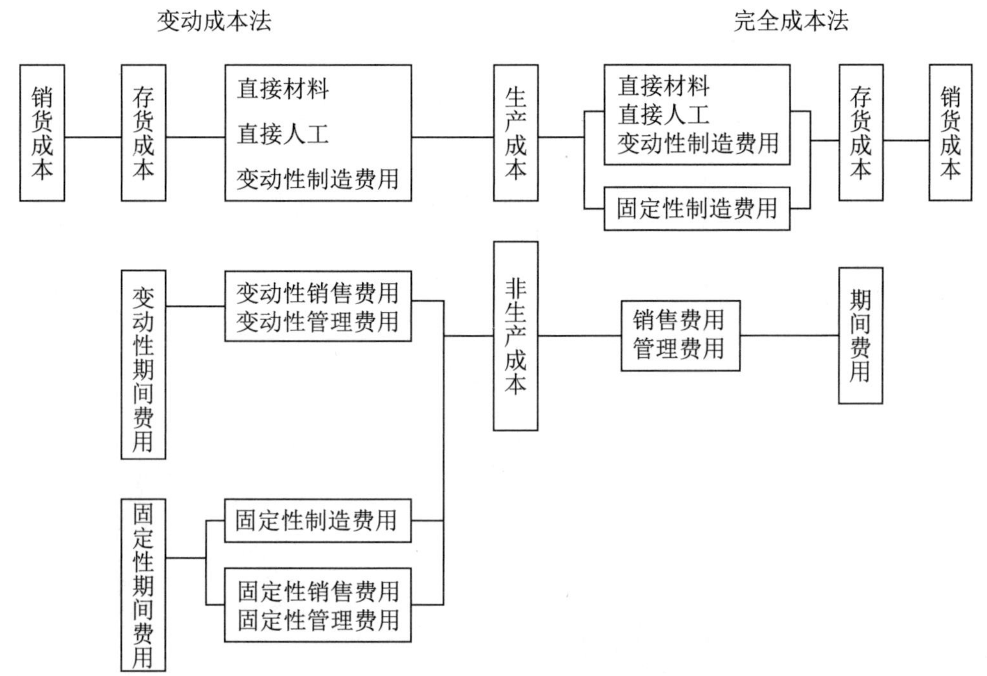

图 2-4 两种成本法下的存货成本和销货成本构成示意图

【案例 2-6】

假设【案例 2-2】产销平衡，则两种成本法下的销货成本见表 2-8。

表 2-8 两种成本法下销货成本计算表

项目	变动成本法	完全成本法
直接材料	8×900=7200	8×900=7200
直接人工	2×900=1800	2×900=1800
变动性制造费用	2×900=1800	2×900=1800
固定性制造费用	—	3000÷1000×900=2700
变动性销售费用	—	—
变动性管理费用	—	—
销货成本	10800	13500

通过对两种成本法下产品生产成本、期间费用、存货成本和销货成本的比较分析，可以发现两种方法最本质的差别就在于两种方法基于不同的成本视角对固定成本进行了不同的处理。变动成本法从成本性态的视角，将固定制造费用从传统视角下的生产成本中剥离出来，直接作为期间费用处理，认为只有与产品产量相关的成本才是产品生产成本，固定性制造费用与产量无关，因此不计入产品生产成本；完全成本法认为，只要是生产车间发生的费用都计入生产成本，非生产车间发生的费用就是期间费用。通过图 2-5，让我们再来回顾两种方法对于成本的分解。

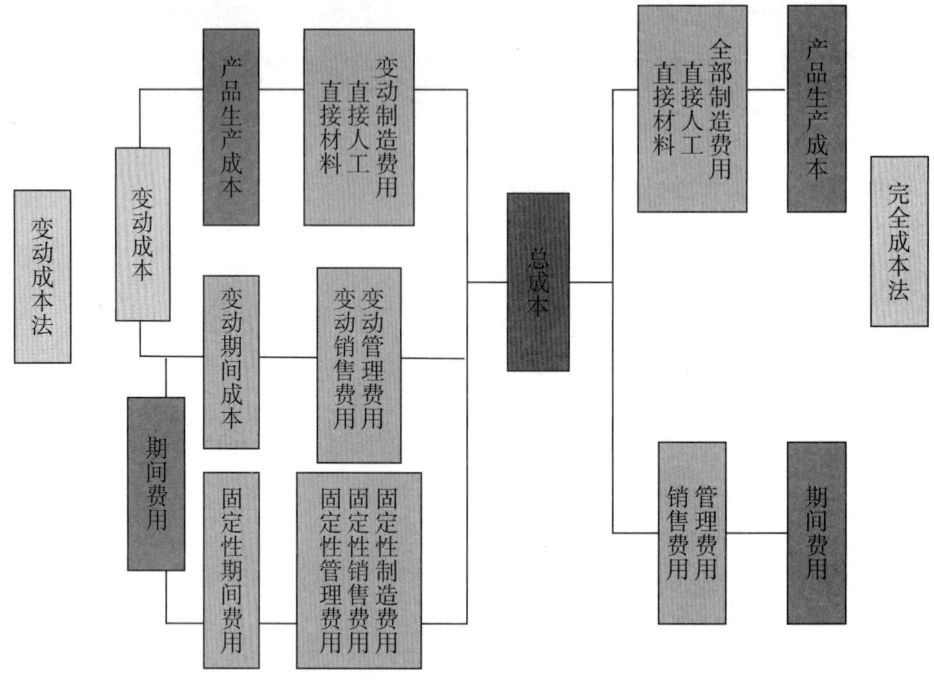

图 2-5 两种方法下成本构成图

（四）变动成本法和完全成本法的损益确认

1. 完全成本法确定损益的程序如下。

(1) 首先，确认销售毛利总额：销售毛利总额＝销售收入总额－已销产品生产成本总额。其中，已销产品生产成本总额＝期初存货成本＋本期生产成本－期末存货成本。

(2) 其次，确定税前利润：税前利润＝销售毛利总额－销售费用－管理费用。

【案例 2-7**】**

【案例 2-2】在完全成本法下的税前利润如下。

已销产品生产成本总额＝期初存货成本＋本期生产成本－期末存货成＝15000－1500＝13500 元

销售毛利总额＝销售收入总额－已销产品生产成本总额＝20×900－13500＝4500 元

税前利润＝销售毛利总额－销售费用－管理费用＝4500－（500＋1000）－(200＋300)＝2500 元

2. 变动成本法确定损益的程序如下。

(1) 首先，确认边际贡献总额：边际贡献总额＝销售收入总额－已销产品生产成本总额－变动期间费用总额。

(2) 其次，确定税前利润：税前利润＝边际贡献总额－固定期间费用总额。

【案例 2-8**】**

【案例 2-2】在变动成本法下的税前利润如下。

边际贡献总额＝销售收入总额－已销产品生产成本总额－变动期间费用总额

＝20×900－12×900－（500＋200）＝6500 元

税前利润＝边际贡献总额－固定期间费用总额＝6500－（3000＋1000＋300）＝2200 元

两种方法下的税前利润确认程序如图 2－6 所示。

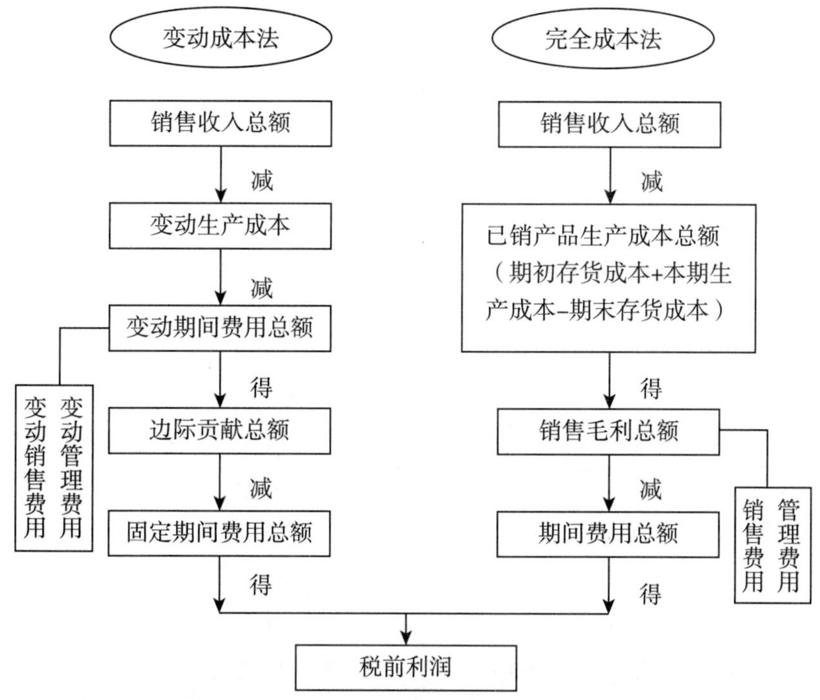

图 2－6 两种成本法下的税前利润确认程序图

(五) 变动成本法和完全成本法的利润表编制及差异

1. 变动成本法和完全成本法的利润表编制。在变动成本法下，按照其损益确认程序，编制“贡献式”的利润表；在完全成本法下，编制“职能式”的利润表。

【案例 2－9】

【案例 2－2】在两种方法下的利润表见表 2－9。

表 2－9 按两种成本法编制的利润表

单位：元

贡献式利润表		职能式利润表	
销售收入（20×900）	18000	销售收入（20×900）	18000
减：变动成本		减：销货成本	
变动生产成本（12×900）	10800	期初存货成本	0
变动销售费用	500	本期生产成本（15×1000）	15000

续表

贡献式利润表		职能式利润表	
变动管理费用	200	可供销售的产品成本（0＋15000）	15000
变动成本合计	11500	减：期末存货成本（15×100）	1500
边际贡献	6500	本期销货成本合计	13500
减：固定成本		销货毛利	4500
固定制造费用	3000	减：期间费用	
固定销售费用	1000	销售费用	1500
固定管理费用	300	管理费用	500
固定成本合计	4300	期间费用合计	2000
税前利润	2200	税前利润	2500

2. 差异。比较表 2－9 所示的两张利润表，可以看出两种成本计算法在编制利润表方面有显著的差别。

第一，成本项目的排列方式不同。从两个表中可以看到，两个表中的项目很不一样。管理会计体系下的变动成本法编制的贡献式利润表建立在成本形态分析下对成本的分类的基础上，因此其各个项目都体现了成本形态的分类。中间项目是边际贡献，能更好地反映收入对于各项成本的弥补情况。在财务会计体系下的完全成本法编制的职能式利润表建立在传统成本分类的基础上，中间项目是销售毛利，因此职能式利润表更多的是为了对外公布，为对外信息使用者提供信息服务。

第二，对固定性制造费用的处理不同。变动成本法把本期发生的全部固定性制造费用作为期间费用从边际贡献总额中减除。在变动成本法下，销货成本中含有固定制造费用、已销产品的变动成本和相应的变动销售及管理费用。因此，在变动成本法下，存货成本中不会有固定性制造费用。完全成本法下产品成本包含所有的制造费用，当然也包含固定性制造费用，因此每销售一批产品（本例是 900 件），其固定性制造费用就构成了销货成本，而未售出的每件期末存货（本例是 100 件）的成本都有固定性制造费用（本例是 3 元），它们必须结转至下一会计年度（本例结转至下一会计年度的是 3 ×100＝300 元）。

第三，计算出来的税前利润可能不同。由于两种方法对本期发生的固定性制造费用的处理不同，可能导致计算出来的税前利润不同。本例中，变动成本法下计算的税前利润比完全成本法下少 300 元，就是因为在完全成本法下，本期销售的 900 件产品中有 2700 元固定性制造费用，因此本期的固定制造费用只有 2700 元转入销货成本；而期末库存有 100 件，这 100 件产品中有 300 元的固定制造费用随着存货成本转入下一期。因此，在完全成本法下是 2700 元的固定制造费用影响利润，而在变动成本法下则是 3000 元的固定性制造费用影响利润，如图 2－7 所示。

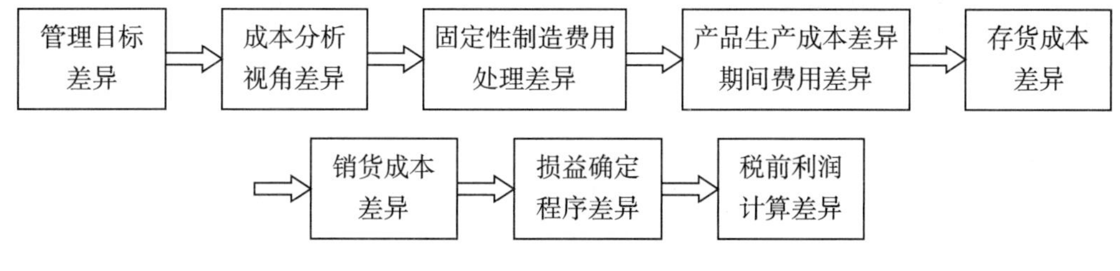

图 2-7 税前利润计算差异

二、变动成本法的优缺点

(一) 变动成本法的优点

变动成本法更符合配比原则的要求。变动成本法将当期所确认的费用，按照成本性态分为两大部分：一部分是与产品生产数量直接相关的成本（即变动成本）。这部分成本中由已销售产品负担的相应部分（即当期销售成本）需要与销售收入（即当期收益）相配比；未销售产品负担的相应部分（即期末存货成本）则需要与未来收益相配比。另一部分则是与产品生产数量无直接关系的固定制造费用，这部分成本全部列为期间费用与当期的收益相配比。

变动成本法下的利润核算能避免完全成本法下产量提高，销量不变，利润增加的怪相。在变动成本法下，利润的高低只和销量相关，而且不受产量影响，因此变动成本法能避免企业盲目生产，引导企业重视市场调研，以销定产。

变动成本法便于强化成本分析控制，促进成本降低。在变动成本法下，产品成本中包含变动的生产成本，便于监控成本变化；同时，按成本形态对成本进行分类有利于各个责任单位权责明确，从而更好地进行成本控制。

变动成本法简化了成本核算，增强了日常管理。在变动成本法下，固定制造费用作为期间费用都是在当期一次性扣除，不会像完全成本法那样因为存货而在各期迁移。

变动成本法更有利于进行成本预测和管控。变动成本法所提供地成本信息，反映了成本和产量、利润之间的关系，能帮助管理者进行短期预测和经营决策。

(二) 变动成本法的缺点

变动成本法对成本的划分并不准确。变动成本法应用的前提是对成本进行成本性态分解，但在实践中，在企业中的大部分成本都是混合成本，因此变动成本法应用的关键就是混合成本的正确分解。但是，目前各种方法对于混合成本的分解并不精确，也就影响了成本核算的准确性以及变动成本法的使用效果。

变动成本法不适应对外财务报告的要求。财务会计要求所计量的财务状况和经营成果保持公正、真实。一方面，在变动成本法下，产品成本不包含固定制造费用，因此存货成本比在完全成本法下低，从而导致资产低估；另一方面，期间费用偏高，会造成损益表上的净收益偏低。

变动成本法不适合长期决策。从两种方法进行利润核算的过程来看，在完全成本法下，固定制造费用在各期有迁移，从而导致两种方法下的利润在短期内有差异；但是从长期来看，总利润是一样的，而且在成本性态下进行的变动成本和固定成本的分类，并不适用于长期情况，因为所有成本都是会变的。

第二节 作业成本法

一、作业成本法简介

作业成本法（ABC）又称“作业成本分析法”“作业成本计算法”“作业成本核算法”。在1952年的《会计师词典》中，科勒（Kohler）教授首次提出了作业、作业账户、作业会计等概念。

作业成本法的指导思想是：“成本对象消耗作业，作业消耗资源。”作业成本法围绕作业进行成本的归集和分配，使得成本的计算更加准确，有利于成本核算和管理，也能提供生产过程中的各种成本信息，便于企业进行成本管控。目前，许多成本控制走在前列的企业都是运用作业成本改善成本管理系统，从而提升企业管理效率的。

二、作业成本法的优缺点

（一）作业成本法的优点

作业成本法可以获得更准确的产品和产品线成本。作业成本法的主要优点是减少了传统成本信息对于决策的误导。一方面，作业成本法以作业为成本分配动因，能更加准确地进行成本归集和分配；另一方面，间接费用的分配标准更加多样化，使得成本和分配标准更加配比。

作业成本法有助于改进成本控制。在作业成本法下，作业动因能提示管理者各项成本发生的过程，从而有效引导管理者从各个作业流程上对成本进行跟踪管理，引导管理者对成本进行有效控制。

作业成本法能够为战略管理提供信息支持。战略管理需要相应的信息支持，而作业成本法可以实现这一点。

（二）作业成本法的缺点

作业成本法的开发和维护费用较高。在作业成本法下，作业动因的甄别和确定、作业的跟踪和管理往往要花费很多成本。

作业成本法无法满足对外报送信息的需要。作业成本下的成本数据资料、经营成果资料无法直接对外报送，因此需要将作业成本法下的数据转为财务会计数据，而这个转换工作的工作量比较大。

作业成本法不利于管理控制。作业成本法的成本系统和企业传统的成本系统不一样，因此采用作业成本法往往无法提供成本管理的相关信息，不利于成本管理。

第三节 全面预算管理

一、全面预算管理简介

（一）全面预算管理的概念

全面预算是指在预测与决策的基础上，通过一系列预计的财务报表及附表展示资源配置情况的有关企业总体计划的数量说明。

全面预算管理是利用预算对企业内部各部门、各单位的各种财务及非财务资源进行分配、考核、控制，以便有效地组织和协调企业的生产经营活动，完成既定的经营目标。全面预算管理是企业全过程、全方位及全员参与的预算管理。

（二）全面预算管理的作用

1. 通过业务、资金、信息、人才的整合，明确适度的分权、授权，战略驱动的业绩评价等，来实现企业的资源合理配置，并真实地反映企业的实际需要，进而为作业协同、战略贯彻、经营现状与价值增长等方面的最终决策提供支持。

2. 明确工作目标。通过全面预算的编制，各个部门都可以明确本部门在企业总体规划中的地位与努力方向，采用积极稳妥的方法保障企业总目标的实现。

3. 协调各职能部门的关系。各部门都以企业规划总目标为指导，可以预防出现片面的追求局部计划最优而导致各部门目标混淆的问题。全面预算可以使各部门按照预算确定的轨迹工作，协调各部门之间的矛盾，避免冲突。

4. 控制各部门日常经济活动。全面预算一经确定，就不能轻易改动。企业的各个部门都应以预算数据为控制业务的依据，并以此为纠正生产经营活动中不利偏差的标准。

5. 考核各部门工作业绩。企业在全面预算的基础上，可以根据各个部门实际偏差的程度，分析偏差产生的原因，以此来考核各部门的工作业绩。

（三）全面预算的内容与体系

企业的全面预算是围绕企业战略展开的，通过对企业未来发展情况进行有效预测，从销售预算开始，进行采购、生产、人工费、制造费用预测，并最终预测出三个报表，主要包括财务预算、业务预算和专门决策预算。其中，业务预算和专门决策预算是财务预算的基础，即财务预算是依赖于业务预算和专门决策预算而编制的，是整个预算体系的主体。全面预算的具体结构示意图如图 2－8 所示。

业务预算是指为供、产、销及管理活动所编制的，与企业日常业务直接相关的预算。业务预算的各项内容分别反映了企业收入与费用的构成情况。

专门决策预算是指在预算期内不经常发生的一次性业务活动所编制的预算，主要包括根据长期投资决策结论编制的，与购置、更新、改造、扩建固定资产决策有关的资本支出预算；与资源开发、产品改造和新产品试制有关的生产经营决策预算等。

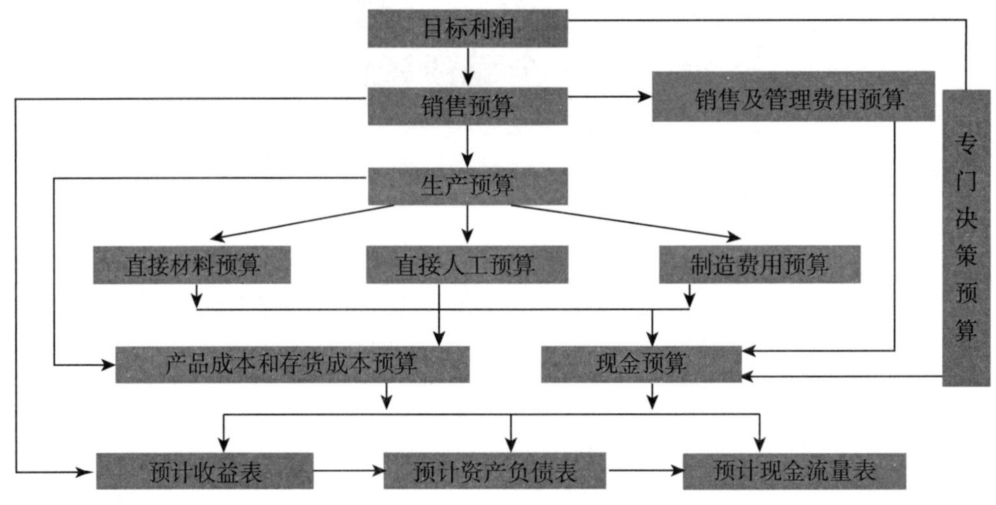

图 2-8　全面预算结构体系图

财务预算是指反映企业预算期现金收支、经营成果和财务状况的各项预算，主要包括现金预算、预计利润表和预计资产负债表。这些预算以价值量指标总括反映经营预算和资本支出预算的结果。

二、全面预算管理的优缺点

（一）全面预算的优点

全面预算管理有利于企业战略目标的实现，能将战略目标分解成各个部门的目标，帮助管理者进行管理和控制。

全面预算管理有利于各部门之间的协调管理，使各部门相互合作，共同为实现企业战略目标服务。

全面预算管理有利于企业进行管理控制。在预算管理下，可以将实际指标和预算指标进行比较，从而发现差异并寻找原因，进行有效控制。

全面预算管理有利于考核和评价。通过预算管理，能进行有效地经营业绩考核，通过考核结果反馈的信息进一步改进企业的决策和管理。

（二）全面预算管理的缺点

全面预算管理的组织体系不健全。预算管理需要全员参与，但是有些企业并没有将全部部门和员工纳入预算管理，从而导致预算管理流于形式。

全面预算管理的质量不高。在进行预算编制和执行时不能完全以市场为导向，这主要表现在预算目标定位不正确、预算依据不足、预算过繁过细、错将预算这种管理和实现目标的手段当做目标、预算缺乏灵活性等方面，这些都可能导致企业资源浪费或者发展战略难以实现。

全面预算管理执行不到位。多数企业不重视预算管理的事中控制和事后控制关系，只对预算编制比较重视。在预算的执行监控和调整等工作中，专门的预算组织很少发挥出应有作用。很多企业也并没有建立完善的全面预算体系，缺乏严格的监督管控，执行的随意性很大。

全面预算管理的考核体系不完善。很多企业重视预算管理中的考核和评价，但是考核评价功能只有和激励机制相结合才能实现更好的效果。因此，完整的预算管理一定有完整的考核评价体系和有效的激励机制。

第四节　经济增加值

一、经济增加值简介

经济增加值是指从税后净营业利润中扣除包括股权和债务的全部投入资本成本后的所得。经济增加值理论认为，所有的投入都是有成本的，企业创造的利润在扣除投入资本的成本之后还有剩余才能算是企业为股东创造了价值。企业的税后利润减去全部资本成本的差额就是企业的经济增加值。其中，资本成本包括债务资本的成本，也包括股本资本的成本。从算术角度来说，经济增加值等于税后经营利润减去债务和股本成本，是所有成本被扣除后的剩余收入。经济增加值是对真正“经济”利润的评价，反映的是税后利润超过投资者在其他方面的投资所获得的最低收益。经济增加值能有效评价企业运用资本为股东创造价值的能力，是有效的经营业绩考核工具。

二、经济增加值的优缺点

(一) 经济增加值的优点

经济增加值与股东财富的创造具有直接的联系。经济增加值不仅仅是一种业绩评价指标，还是一种全面财务管理和薪金激励体制的框架。通过经济增加值，投资者可以看到企业的经营成果，潜在的投资者可以通过经济增加值的高低对公司的投资价值进行判断。

(二) 经济增加值的缺点

关于经济增加值的争议目前还比较多。经济增加值的计算涉及投资报酬率，而投资报酬率的确定会受到一些内外部因素的限制，而这也就影响了经济增加值计算的正确性。

第五节　平衡计分卡

前文已经对平衡计分卡的基本内容进行了介绍，因此本节仅对平衡计分卡的优缺点进行论述。

一、平衡计分卡的优点

平衡计分卡能有效助力企业战略管理。随着企业面临的竞争日益加剧，越来越多的企业开始注重内部管理，强调企业战略管理对于企业发展的重要性。平衡计分卡能通过对企业战略目标的细分，围绕战略目标制订考核评价体系，同时通过考核评价反馈的信息改进企业管理，提升企业效率。

平衡计分卡可以提高企业整体管理效率。平衡计分卡关注的四个方面均是企业发展的关键方面，都会对企业管理和发展产生重大影响。因此，通过平衡计分卡的考核和评价，能将企业发展的各个因素都整合到一起，并且能兼顾企业短期和长期利益、内部和外部的发展，帮助管理者提升管理效率。

平衡计分卡注重团队合作，能够防止企业管理机能失调。企业本身就是一个团队，需要各个方面通力合作，企业能否有效运作是决定企业成败的关键之一。企业组织建设、团队发展是增强企业凝聚力的重要方面，对企业发展具有深远影响。通过平衡计分卡改善管理，引导企业行为和决策，同时促进企业文化的培养和企业团队建设。

平衡计分卡可提高企业激励作用，扩大员工的参与意识。现代企业中人的作用越来越凸显，企业也越来越重视人力资本。因此，如何有效激发员工的积极性成为现代企业关注的重点。平衡计分卡重视对于员工的有效激励，通过设置各种指标对员工的行为进行科学评价。平衡计分卡除了科学评价，还能对员工行为起到引导作用，通过考核标准引导员工的行为与企业战略目标一致。平衡计分卡并不是单纯地从财务层面进行评价，有效地改善了传统评价体系只从财务层面入手，涉及大量财务指标，评价体系的设置主要由财务人员设定，评价不够全面和客观的弊端，让评价更加全面和客观。

平衡计分卡可以使企业信息负担降到最少。在信息时代，信息、数据成为最有价值的资源。通过信息收集、数据分析，企业可以发现商机，调整生产。平衡计分卡可以通过设置指标引导企业关注关键指标，从而大大减少企业的信息分析成本。

二、平衡计分卡的缺点

平衡计分卡在具体实施中存在困难。平衡计分卡的实施需要企业有良好的组织基础、完善的管理制度；需要高层管理者能对企业战略目标准确定位，企业各个部门认同企业战略目标并能团结一致为战略目标努力。因此，在一些管理基础差的企业应用平衡计分卡的效果往往差强人意。

指标体系的建立较困难。平衡计分卡将非财务指标引入评价体系，是对传统评价的一大突破，也使得业绩评价更加全面客观。但是，财务指标的优点在于简单、明确，可量化，而非财务指标显然没有财务指标那样能进行明确的测定和反映。由于不同企业存在差异，企业所处的内外部环境存在差异，企业的战略目标也有差异，不同企业在运用平衡计分卡时会出于不同的目标和考虑，设置不同的评价指标，导致指标体系难以建立。

指标数量过多，指标间的因果关系很难做到真实、明确。平衡计分卡涉及财务、顾客、内部业务流程、学习与成长四套业绩评价指标，如何选择正确的指标，指标之间的重复性如何避免，如何对不同指标进行处理使之可以进行综合的评价，舍掉部分指标是否会导致业绩评价不完整都会影响平衡计分卡的实施效果。

各指标权重的分配比较困难。各指标的权重的分配也是直接关系平衡计分卡评价的关键。如何分配平衡计分卡四个方面的权重，如何分配不同层次指标的权重，采用什么样的方法分配权重，都会影响评价的客观性和准确性；而且不管采用什么样的方法进行权重分配，都难免存在主观性。

部分指标的量化工作难以落实。尽管平衡计分卡引入了非财务指标是对传统评价体系的一大改进，但是非财务指标往往难以量化，如学习与成长层面的哪些指标可以用于评价、如何量化都是难以解决的问题，而且这些指标在选择和应用的时候也往往存在一定的主观性。

实施成本大。平衡计分卡要求企业从财务、客户、内部流程、学习与成长四个方面考虑战略目标的实施，并为每个方面制订详细而明确的目标和指标。在制订平衡计分卡的时候，围绕战略目标进行目标的分解要结合部门的工作内容，并采用合适的指标是一件工作量十分大的工作。这是因为评价指标往往涉及多个层级，每个层级下又有多个方面的细分指标，指标数量繁多，同时还要考虑指标之间的重复性。此外，平衡计分卡的执行是一个耗费资源的过程，要花费大量的时间，还要不断调整、规范，完成一个周期往往至少需要一年甚至更长时间。

第三章

管理会计工具在中小微企业的应用

第一节　变动成本法在小型箱包企业的应用

一、企业介绍及现状分析

某小规模箱包制造企业主要经营各类箱包。近年来，箱包行业普遍实现了机器加工，手工制造减少，车间制造费用增加，因此企业成本费用中制造费用呈现不断递增的形势，传统成本核算方法下费用单一分配的弊端日渐显现，成本互补失真现象普遍，十分不利于企业的成本控制和管理。通过深入调查分析，发现主要存在以下问题。

（一）成本计算方法不清晰

作为一家小规模的生产企业，存在大多数小企业的普遍问题，即人少、设备短缺且更新慢。这些软硬件的不足使得企业难以获得大批量的订单，没有明确有效的成本核算方法，成本核算统计比较混乱。

（二）成本核算结果不能真正反映真实成本

品种法等传统的成本核算方法的作用面对目前日益复杂的企业环境逐渐减弱，现在企业经营已经由原来的扩大市场份额、增加收入的收入视角转向了成本视角。企业想要在竞争中获胜，不可避免地要进行战略调整，通过各种方式降低成本，从成本的角度实现低成本经营。

成本数据不完整，成本核算基础差。小型企业由于人手短缺、人员流动性大、工人和管理层不稳定，缺少各种成本数据记录，并且没有相应的数据统计和管理措施，经常出现成本项目的账本数据出入较大，成本统计的准确度难以保证。

（三）企业对于成本信息的重视度不高

企业管理层对于成本核算和管理工作的重视度不高，在企业决策中很少考虑成本信息，基本不进行预算管理，在实际经营中也很少对成本进行实际和计划的差异分析，企业内部成本管理流于形式。

二、变动成本应用与传统成本管理应用对比分析

该箱包企业通过市场分析，对于企业的销售状况有了充分的认识，决定转变原来的收入视角，转向成本视角，致力于成本管理和控制。因此，该企业决定引入变动成本法进行成本核算。下面是根据不同的产销量关系，通过两种方法对各期税前利润的影响进行详细分析的结果。

该箱包企业尽管规模较小，但是建立时间比较长，生产工艺成熟，成本水平比较稳定。这样就能够保证企业产量稳定，进而能揭示销量变动对于产量的影响。

（一）各期产量稳定，销量变动

该箱包企业的产销情况见表 3 - 1。

表 3 - 1 企业产销情况表

年份	产量	销量	单价	单位变动性生产成本	固定性制造费用	单位变动性销售及管理费用	固定性销售及管理费用
第 1 年	600	600	50	20	6000	3	1000
第 2 年	600	500	50	20	6000	3	1000
第 3 年	600	700	50	20	6000	3	1000

单位产品成本			
变动成本法		完全成本法	
变动生产成本	20 元/件	变动生产成本	20 元/件
		固定性制造费用	10 元/件
单位产品成本	20 元/件	单位产品成本	30 元/件

几项备注：

每年产量指当年投产且全部完工产量（即无期初期末在产品）。

第一年初没有存货。

每年销量中不存在销售退回、折让和折扣问题。

各期成本水平（单位变动成本和固定成本总额）不变。

存货计价采用先进先出法。

按两种方法计算得出的税前利润见表 3 - 2。

表 3 - 2 企业利润表

项目	第 1 年	第 2 年	第 3 年	合计
（按变动成本法编制）				
销售收入	30000	25000	35000	90000
减：变动成本				

续表

项目	第1年	第2年	第3年	合计
变动生产成本（按销量计算）	12000	10000	14000	36000
变动性销售及管理费用	1800	1500	2100	5400
变动成本合计	13800	11500	16100	41400
边际贡献	16200	13500	18900	48600
减：固定成本				
固定性制造费用	6000	6000	6000	18000
变动性销售及管理费用	1000	1000	1000	3000
固定成本估计	7000	7000	7000	21000
税前利润	9200	6500	11900	27600
（按完全成本法编制）				
销售收入	30000	25000	35000	90000
减：销货成本				
期初存货成本	0	0	3000	0
本期生产成本（按产量计算）	18000	18000	18000	54000
可供销售的产品成本	18000	18000	21000	54000
减：期末存货成本	0	3000	0	0
销货成本总额	18000	15000	21000	54000
销售毛利	12000	10000	14000	36000
减：销售及管理费用	2800	2500	3100	8400
税前利润	9200	7500	10900	276000

比较两种方法编制的利润表，即税前利润数据，可以发现以下几点。

1. 在第1年，两种成本法下计算的税前利润是相等的。此时，产销相等，采用完全成本法，本期没有存货。因此，在完全成本法下，本期的固定制造费用全部都在销货成本中被扣除。变动成本法则不管档期产销量如何，固定制造费用全部都被作为期间费用被扣除。因此，在这种情况下，两种方法计算的税前利润相等。

2. 在第2年，按变动成本法计算的税前利润低1000元。这是由于该年期末存货量增加了100件，即产量大于销量100件，而按完全成本法计算的每件存货成本较变动成本法高10元，也就是完全成本法下单位产品负担的固定性制造费用。因此，在完全成本法下，期末100件存货包含的固定性制造费用1000元被转入下一年度，本期已销售的500件只负担了5000元的固定性制造费用。在变动成本法下，无论产销量如何变化，改期的固定性制造费用6000元总是被全部计入当期损益。因此，按变动成本法计算的税前利润比按完全成本法计算的结果少1000元。

3. 在第3年，按变动成本法计算的税前利润高1000元。这是因为期初存货为0，期末存货为100件，此时产量低，销量高。采用完全成本法把上年转来的期初100件存货所释放的1000元固定性制造费用转为本期的销货成本，本期期末存货为0，也就是说本期没有固定性制造费用转至下期。因此，按完全成本法计入本期销货成本的固定性制造费用为7000（6000+1000）元，较变动成本法计入本期损益的6000元多1000元，按变动成本法计算的税前利润高1000元。

4. 从较长时间来看，两种方法所确定的税前利润应该趋于一致。在本例中，三年总的产量和销量是一样的，虽然两种方法下三年的税前利润各有差异，但是三年总的税前利润均为27600元。因此，从长期来看，企业的产销还是趋于平衡，各期的税前利润尽管有差异，但是从总量而言趋于统一。也就是说，无论按完全成本法计入销货成本的固定性制造费用，还是按变动成本法直接计入各期损益的固定性制造费用，其总额均趋于一致，其结果对长期的税前利润之和影响甚微，甚至没有影响。由此可见，变动成本法适合短期预测，并不适合长期的决策。

5. 在产量不变、销量变化的情况下，有以下几点。

（1）产量=销量，税前利润相等。

（2）产量>销量，变动成本法下税前利润<完全成本法下税前利润。

（3）产量<销量，变动成本法下税前利润>完全成本法下税前利润。

（4）两者差异=按变动成本法计计算的税前利润－按完全成本法计算的税前利润

=按完全成本法计算的单位固定性制造费用×（期初存货－期末存货）

（二）各期销量稳定，产量变动

销量稳定意味着各年的销售收入不变，而产量变动表明在完全成本法下各期的单位成本不同。因此，即使各期的固定性制造费用不变，如果产量变动，单位产品的固定性制造费用也不同，具体见表3-3。

表3-3　企业产销情况表

<table>
<tr><th>年份</th><th>产量</th><th>销量</th><th>单价</th><th>单位变动性生产成本</th><th>固定性制造费用</th><th>单位变动性销售及管理费用</th><th>固定性销售及管理费用</th></tr>
<tr><td>第1年</td><td>600</td><td>500</td><td>50</td><td>20</td><td>6000</td><td>3</td><td>1000</td></tr>
<tr><td>第2年</td><td>500</td><td>500</td><td>50</td><td>20</td><td>6000</td><td>3</td><td>1000</td></tr>
<tr><td>第3年</td><td>400</td><td>500</td><td>50</td><td>20</td><td>6000</td><td>3</td><td>1000</td></tr>
<tr><td colspan="8">单位产品成本</td></tr>
<tr><td colspan="4">变动成本法</td><td colspan="4">完全成本法</td></tr>
<tr><td colspan="3">变动生产成本</td><td>20元/件</td><td>年度</td><td>第1年</td><td>第2年</td><td>第3年</td></tr>
<tr><td colspan="3" rowspan="3">单位产品成本</td><td rowspan="3">20元/件</td><td>单位变动生产成本</td><td>20</td><td>20</td><td>20</td></tr>
<tr><td>单位固定制造性费用</td><td>10</td><td>12</td><td>15</td></tr>
<tr><td>单位产品成本</td><td>30</td><td>32</td><td>35</td></tr>
</table>

几项假设：

每年产量指当年投产且全部完工产量（即无期初期末在产品）。

第一年初没有存货。

每年销量中不存在销售退回、折让和折扣问题。

各期成本水平（单位变动成本和固定成本总额）不变。存货计价采用先进先出法。

按两种方法计算得出的税前利润见表3-4。

表3-4 企业利润表

项目	第1年	第2年	第3年	合计
（按变动成本法编制）				
销售收入	25000	25000	25000	75000
减：变动成本				
变动生产成本（按销量计算）	10000	10000	10000	30000
变动性销售及管理费用	1500	1500	1500	4500
变动成本合计	11500	11500	11500	34500
边际贡献	13500	13500	13500	40500
减：固定成本				
固定性制造费用	6000	6000	6000	18000
变动性销售及管理费用	1000	1000	1000	3000
固定成本估计	7000	7000	7000	21000
税前利润	6500	6500	6500	19500
（按完全成本法编制）				
销售收入	25000	25000	25000	75000
减：销货成本				
期初存货成本	0	3000	3200	0
本期生产成本（按产量计算）	18000	16000	14000	48000
可供销售的产品成本	18000	19000	172000	48000
减：期末存货成本	3000	3200①	0	0
销货成本总额	15000	15800	17500	27000
销售毛利	10000	9200	7800	27000
减：销售及管理费用	2500	2500	2500	7500
税前利润	7500	6700	5300	19500

注：①3200＝32×100。

比较两种方法编制的利润表，即税前利润数据，可以发现以下几点。

1. 采用变动成本法各年的税前利润均相等。这是因为每年的销量相同，而且每年的成本和费用水平不变，所以各年税前利润的计算也相同，而且各年产量变化对税前利润没有影响。

2. 三年产量不同，而每年的固定制造费用不变，势必会导致各年的单位固定制造费用不同。这样一来，在完全成本法下，生产成本中除了固定制造费用以外的原材料费用和人工费用各年都是不变的，而各年固定制造费用不同导致了单位产品成本在各年之间变化。因此，即使各年销量不变，产品成本、销货成本、各年的税前利润也存在差异。在各年产量变动的情况下，即使各年的销量相同，两种方法下的税前利润也会出现差异。第1年产量比销量多100件，按完全成本法下计算的税前利润高1000元，这是由于完全成本法中产品成本包含固定制造费用，而且本期生产的产品并没有全部销售出去，有一部分的存货，这部分存货中的固定性制造费用1000元（100×10）随着期末100件存货转移至下一年；而在变动成本法下，不论产销情况如何，是否有存货，固定性制造费用都是被当成期间费用一次扣减。在第2年，虽然产量等于销量，但是本期有上期库存下来的存货，这些存货中包含上期的部分固定制造费用，所以完全成本法下计算的税前利润高200元。具体而言，上期转入的存货中包含上年的部分固定性制造费用1000元，而本期又有存货100件，存货中包含本年的固定性制造费用1200元（100×12），这1200元的固定制造费用又因为存货而转入下期。因为本期既有上期转入的1000元，又有本期转出的1200元，所以按完全成本法计入本年损益的固定性制造费用较变动成本法少200元（1000－1200），税前利润较变动成本法高200元。在第3年，产量小于销量100件，按完全成本法计算的税前利润少1200元，这是因为完全成本法下，上期库存的100件产品包含上年的1200元固定制造费用，这些固定制造费用因为存货被转入本期，由本年承担，而本期除了销售本期生产的产品还销售了上期库存的产品，因此在完全成本法下被扣减的固定制造费用除了本期的还有上期的部分固定制造费用。因此，按完全成本法计算的税前利润少1200元。

两者差异＝按变动成本法计算的税前利润－按完全成本法计算的税前利润

＝全部完全法期初存货固定性制造费用－全部完全法期末存货固定性制造费用

根据上面的分析，可以得出下列变动成本法与完全成本法计算的税前利润之间相互转换的公式：

变动成本法计算的税前利润＝完全成本法计算的税前利润＋（全部完全法期初存货固定性制造费用－全部完全法期末存货固定性制造费用）

完全成本法计算的税前利润＝变动成本法计算的税前利润－（全部完全法期初存货固定性制造费用－全部完全法期末存货固定性制造费用）

由上面的分析可以归纳出五条规律。

1. 采用变动成本法，不管生产量如何变动，只要销量稳定不变，各期的税前利润都一样。

2. 如果期末存货成本＝期初存货成本，则变动成本法下的税前利润＝完全成本法下的税前利润。

3. 如果期末存货成本＞期初存货成本，则变动成本法下的税前利润＜完全成本法下的税前利润，其差额＝期末存货×当期单位固定制造费用－期初存货×上期单位固定制造费用。

4. 如果期末存货成本＜期初存货成本，则变动成本法下的税前利润＞完全成本法下的税前利润，其差额＝期初存货×上期单位固定制造费用－期末存货×当期单位固定制造费用。

5. 从较长时间来看，两种方法所计算的税前利润是相同的。

上述两个转换公式可以使我们由已知一种成本法下的税前利润，推算出另一种成本法下的税前利润。由于在会计实务中，企业日常一般仅采用完全成本法进行产品成本核算，所以这两个公式不仅有理论意义，而且可以用于指导实践。

三、对策建议

变动成本法与完全成本法计算的税前利润是可以相互转化的，为了使企业的成本核算既能满足内部管理需要，又兼顾对外报告的要求，在成本核算时可以结合两种核算方法的优点，将两种方法结合起来运用，使成本核算方法能够满足各方面会计信息使用者的需求。综合运用两种核算方法的方式主要有以下三种。

（一）两种成本核算方法同时使用

使用这种方式就是在完全成本法的基础上，再以变动成本法为基础新设一个核算系统，使两种成本核算方式可以同时使用。这种方式的优点是显而易见的，它集合了两种方法的所有优点，可以将完全成本法产生的财务信息作为对外提供报告的依据，将变动成本法产生的财务信息作为对内部管理层提供信息的依据，各取所需。但是，它的缺点也十分明显，即对于所有的经济业务，会计人员都要按照两种成本核算方法核算两次。这大幅增加了会计人员的工作量，增加了企业的财务成本，违反了成本效益原则。因此这种结合方式并不是十分可取。

（二）基于变动成本法的两种成本核算方法的结合

基于变动成本法的两种成本核算方法的结合就是以变动成本法为基础，在期末对固定制造费用进行调整，得出完全成本法需要的成本资料。这种结合方式的好处在于：在日常核算时，按照变动成本法来核算，可以随时得到成本内部控制、绩效评估的信息；在期末需要对外提供会计报表时，通过对相关账户进行合并调整，可以得到完全成本法下的各种成本信息，编制会计报表。这种结合方式不仅不会给会计人员带来太多额外的工作量，而且取得的财务信息也比上一种方式多很多，使变动成本法能够更好地完成对内管理和对外报告两方面的职责，兼顾内部经营管理和对外报告的需要。总而言之，这种结合方式是切实可行的。

1. 科目设置。将完全成本法核算体系下的“生产成本”科目分设为“变动生产成本”和“固定生产成本”；将“制造费用”科目分设为“变动制造费用”和“固定制造费用”；在“销售、管理费用”科目下分设“变动销售、管理费用”和“固定销售、管理费用”。平时按变动成本法核算，将变动性和固定性费用分别记入上述相关账户中，到期末可先得出一份变动成本法下的核算资料供企业管理内部参考；然后将“固定制造费用”调入产品成本，将变动性与固定性销售、管理费用合计，即得到完全成本法下的期间费用。如此一来，可得到能对外报送的完全成本法下的报告。

2. 实例说明。企业本月发生的主要经济业务如下。

本月投产 100 件产品，领用原材料 10000 元；生产工人工资 10000 元；生产车间支付水电费 7000 元；本月计提固定资产折旧费 9000 元；支付固定性管理费用 1000 元，固定性销售费用 1000 元。本月完工入库产成品 80 件，期末在产产品 20 件，完工程度 50%。本月对外销售产品 50 件，单位售价 800 元。（假设期初存货为 0）

则：

（1）借：变动生产成本——直接材料　10000
　　贷：原材料　10000

（2）借：变动生产成本——直接人工　10000
　　贷：应付职工薪酬　10000

（3）借：变动制造费用　7000
　　贷：银行存款　7000

（4）借：固定制造费用　9000
　　贷：累计折旧　9000

（5）借：固定管理费用　1000
　　　　固定销售费用　1000
　　贷：银行存款　2000

（6）结转变动制造费用
　　借：变动生产成本——制造费用　7000
　　贷：变动制造费用　7000

变动成本法得出的贡献式利润见表 3-5。

表 3-5　贡献式利润表

单位：元

项目	利润
销售收入	40000
减：变动成本	15000
其中：销货成本	15000
变动销售和管理费用	0
边际贡献	25000
减：固定成本	11000
其中：固定性制造费用	9000
固定性销售和管理费用	2000
税前利润	14000

表中计算结果的计算方式如下。

销售收入＝50×800＝40000（元）

变动生产成本＝10000＋10000＋7000－27000（元）

单位变动生产成本＝27000÷（80＋20×50%）＝300（元）

销货成本＝单位变动生产成本×销量＝300×50＝15000（元）

变动成本＝本期销货成本＋变动销售和管理费用

=15000+0=15000（元）

固定成本=固定制造费用+固定销售和管理费用

=9000+1000+1000=11000（元）

税前利润=销售收入-变动成本-固定成本

=40000-15000-11000=14000（元）

完全成本法计算得出的结果如下。

销售收入=40000（元）

销货成本=期初存货成本+本期生产成本（变动生产成本+固定制造费用）-期末存货成本

=0+27000+9000-（27000+9000）÷（80+20×50%）×40=20000（元）

期间费用=变动销售和管理费用+固定销售和管理费用

=0+2000=2000（元）

税前利润=销售收入-销货成本-期间费用

=40000-20000-2000=18000（元）

（三）基于完全成本法上的两种成本核算方法的结合

这种结合方式是指在日常核算时以完全成本法为基础进行核算，在期末通过对各个成本项目进行调整，得到变动成本法下的各种成本信息。这样一来，在保证对外财务报表编制的同时，也为企业的内部管理控制提供了信息。这种方法最显著的特点就是兼顾了成本效益原则，不会使财务人员的工作负担增加太多。我国传统的会计信息系统是以完全成本法为基础的，如果说要向两种方法结合运用的核算方式过渡，这种结合方式与上述两种结合方式相比，可以为企业提供更大的缓冲度。

1. 科目设置。在完全成本法的成本项目中增加变动生产成本和固定制造费用这两个账户，即在“生产成本”科目下分设“变动生产成本”和“固定生产成本”；“制造费用”科目下分设“变动制造费用”和“固定制造费用”（其中“变动生产成本”的借方用来登记直接材料、直接人工、变动制造费用等变动生产成本，“固定制造费用”账户用来登记例如折旧费等不会随着产量变动的制造费用）；在“销售、管理费用”科目下分设“变动销售、管理费用”和“固定销售、管理费用”。

2. 实例说明。企业本月发生的主要经济业务如下。

本月投产100件产品，领用原材料10000元；生产工人工资10000元；生产车间支付水电费7000元；本月计提固定资产折旧费9000元；支付固定性管理费用1000元，固定性销售费用1000元。本月完工入库产成品80件，期末在产产品20件，完工程度50%。本月对外销售产品50件，单位售价800元。（假设期初存货为0）

则：

（1）借：变动生产成本——直接材料　　10000

　　贷：原材料　　10000

（2）借：变动生产成本——直接人工　　10000

　　贷：应付职工薪酬　　10000

（3）借：变动制造费用　　　　7000
　　　贷：银行存款　　　　　　7000
（4）借：固定制造费用　　　　9000
　　　贷：累计折旧　　　　　　9000
（5）借：固定管理费用　　　　1000
　　　　固定销售费用　　　　1000
　　　贷：银行存款　　　　　　2000
（6）结转制造费用
　　借：变动生产成本　　　　7000
　　　贷：变动制造费用　　　　7000
借：固定生产成本　　　　9000
　贷：固定制造费用　　　　9000

完全成本法的计算得出的职能式利润见表3－6。

表3－6　职能式利润表

单位：元

项目	利润
销售收入	40000
减：销货成本	20000
其中：期初存货成本	0
加：本期生产成本	36000
减：期末存货成本	1600
销售毛利	20000
减：销售和管理费用	2000
其中：变动性销售和管理费用	0
固定性销售和管理费用	2000
税前利润	18000

销售收入＝50×800＝40000（元）

本期生产成本＝变动生产成本＋固定制造费用
＝27000＋9000＝36000（元）

单位生产成本＝36000÷（80＋20×50％）＝400（元）

销货成本＝期初存货成本＋本期生产成本－期末存货成本
＝0＋36000－400×40＝20000（元）

期间费用＝变动销售及管理费用＋固定销售及管理费用＝0＋2000＝2000（元）

税前利润＝销售收入－销货成本－期间费用
＝40000－20000－2000＝18000（元）

变动成本法的计算结果如下。

销售收入＝40000（元）

单位变动生产成本＝（10000＋10000＋7000）÷（80＋20×50％）＝300（元）

本期销货成本＝单位变动生产成本×销量

＝300×50＝15000（元）

变动成本＝本期销货成本＋变动销售和管理费用

＝15000＋0＝15000（元）

固定成本＝固定制造费用＋固定销售和管理费用

＝9000＋2000＝11000（元）

税前利润＝40000－15000－11000＝14000（元）

通过对两种成本法的比较可知，两种成本方法有很大的差异，主要表现在成本划分及构成不同、收益计算方法不同、所提供的信息用途不同等方面。两种成本法也有着各自的优缺点，在企业的经营管理中都起着非常重要的作用。完全成本法主要满足对外提供会计信息的需要，而变动成本法主要满足加强内部管理的需要，两者的作用是不能相互替代的，要兼顾两者。在企业实践中，二者没有绝对的好坏，企业应根据自身情况、成本工作基础、成本管理需要以及成本控制的目的，自行选择最为合适的方法。

第二节　作业成本法在小型快递企业的应用

一、企业介绍及现状分析

某一小规模快递企业主要承接货物的运送工作。目前，快递行业竞争激烈，该企业想尽快打响品牌，提升竞争力。因此，该企业十分注重自身特色的发展。该企业一直诚信经营，因此获得为某大型电视企业产品配送的任务，企业希望通过此次合作与电视企业建立长期的业务往来关系，并以此扩大企业的知名度，从而树立良好的企业形象，进一步提升市场认可度。为此，企业邀请会计师针对企业所获得的订单，建立了作业成本法的核算体系，以帮助企业制订合理的价格，从而使得企业能更好地开展业务。

二、作业成本应用与传统成本管理应用对比分析

电视企业要求快递公司将两种电视产品运送至该电视的主要销售地区 H 市。该销售区有两个销售网点 A 和 B，其中销售网点 A 销售Ⅰ型电视，有大型仓库，存储量较大，因此快递企业只需每 10 天配送一次，要求配送 1800 件；销售网点 B 销售Ⅱ型电视，但是销售网点 B 相对较小，没有足够的存储空间，因此需要每 5 天配送一次，要求配送 600 件，费用均单独核算。

以该快递企业目前的业务能力完全可以很好完成电视企业的配送业务。该企业目前车辆和人员均已经配备，企业也希望通过此项业务扩大在H市的市场份额，从而推动企业的发展。

该快递企业首先需要将快递服务流程进一步梳理，这也是后期作业成本开展的基础和依据。根据服务流程，货物运输配送的环节如图3-1所示。

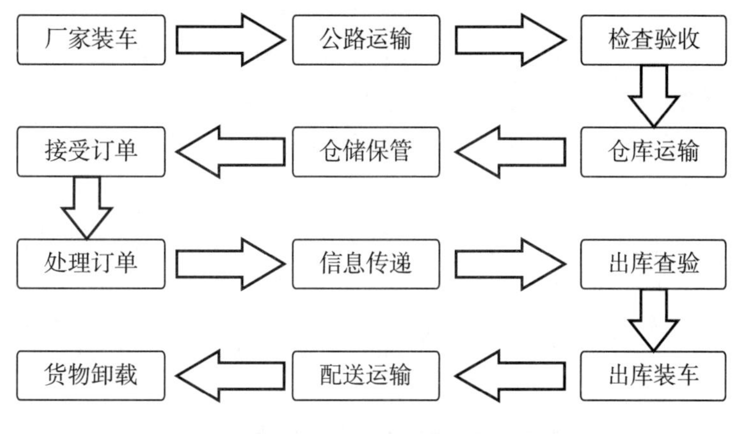

图3-1　货物配送环节

（一）核算流程设计

1. 确定作业中心。按照电视企业提出的要求，快递公司对业务流程进行了梳理。首先由车队将电视装车运送至H市仓库，再由H市仓管人员进行货物验收并入库保管，然后由仓管人员进行日常清点管理，再由业务部门在每次运送时进行订单处理，最后由配送部门为销售网点配送。

该项业务流程清晰，能清楚地划分出作业中心，如图3-2所示。

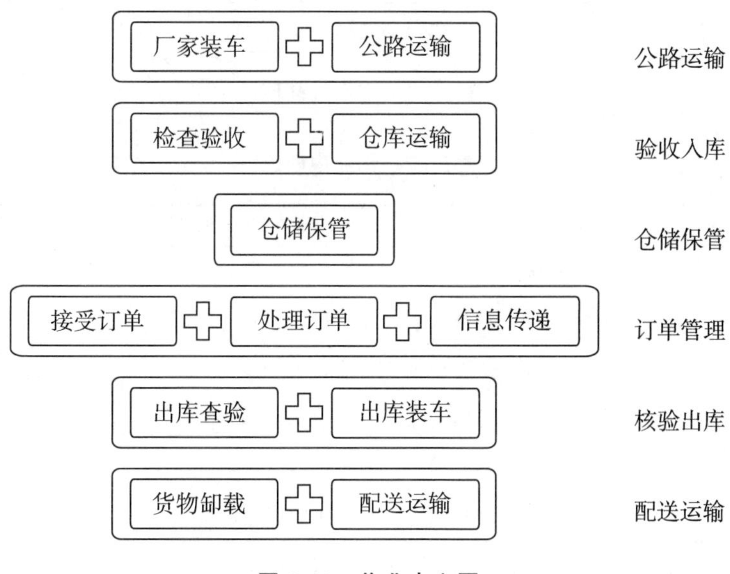

图3-2　作业中心图

（1）公路运输，指通过陆路运输将电视由电视企业运输至H市的快递企业的仓库中。

（2）验收入库，指将电视进行清点验收入库，并良好保管。

（3）仓储保管，指对于存放在仓库中的电视进行日常管理和维护，保证产品安全无损。

（4）订单管理，指对订单处理及反馈。

（5）核验出库，指每次配送前对出库电视进行检验并负责装车。

（6）配送运输，指将电视从仓库配送至两个销售网点。

2. 确定资源耗费。在对作业进行划分确定后，以作业中心为单位，对能源消耗进行划分，如图3-3和表3-7所示。

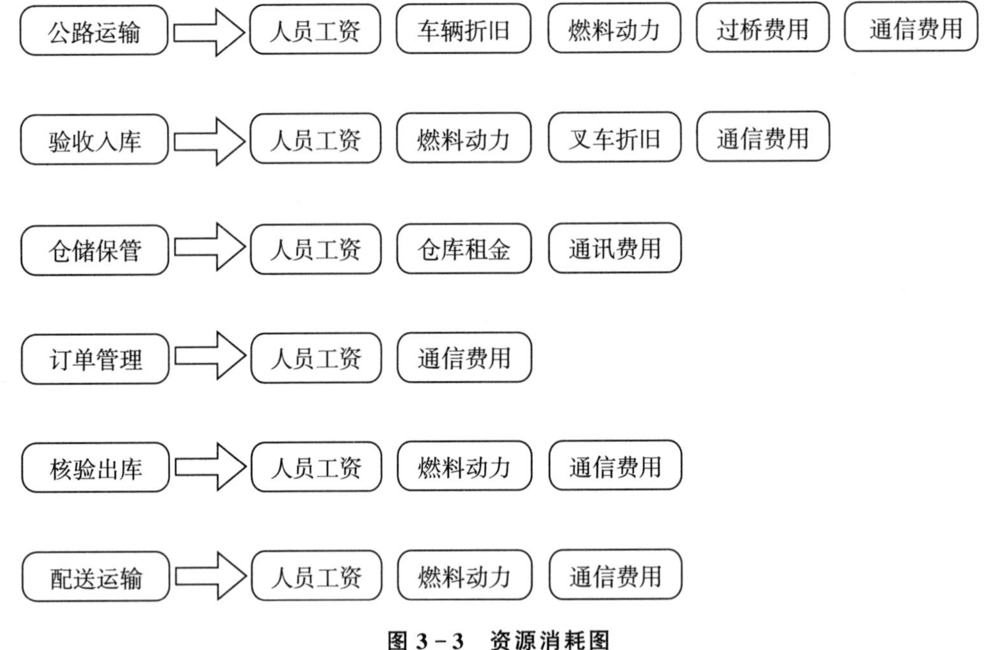

图3-3 资源消耗图

表3-7 作业中心表

作业中心	作业中心资源消耗
公路运输作业中心	人员工资、燃料动力、过桥费用、车辆折旧、通信费用
验收入库作业中心	人员工资、燃料动力、叉车折旧、通信费用
仓储保管作业中心	人员工资、仓库租金、通信费用
订单管理作业中心	人员工资、通信费用
核验出库作业中心	人员工资、燃料动力、叉车折旧、通信费用
配送运输作业中心	人员工资、燃料动力、车辆折旧、通信费用

3. 确定资源动因。产品消耗作业，作业消耗资源。资源消耗也存在一定的差异，像材料之类的资源消耗具有明显的针对性，可以直接计入产品成本；而有些资源的消

耗没有和产品有直接关系，并非针对某项产品产生，因此在成本核算时存在分配的困难。对于快递企业而言，可以直接计入产品成本的资源消耗主要包括车辆折旧、燃料动力等，这些资源属于企业直接消耗的资源；需要通过资源动因分配计入产品成本的资源消耗主要包括人员工资、通信费用。人员工资与通信费用的资源动因为人员数量，资源动因对应情况以及资源消耗情况如图 3-4 所示。

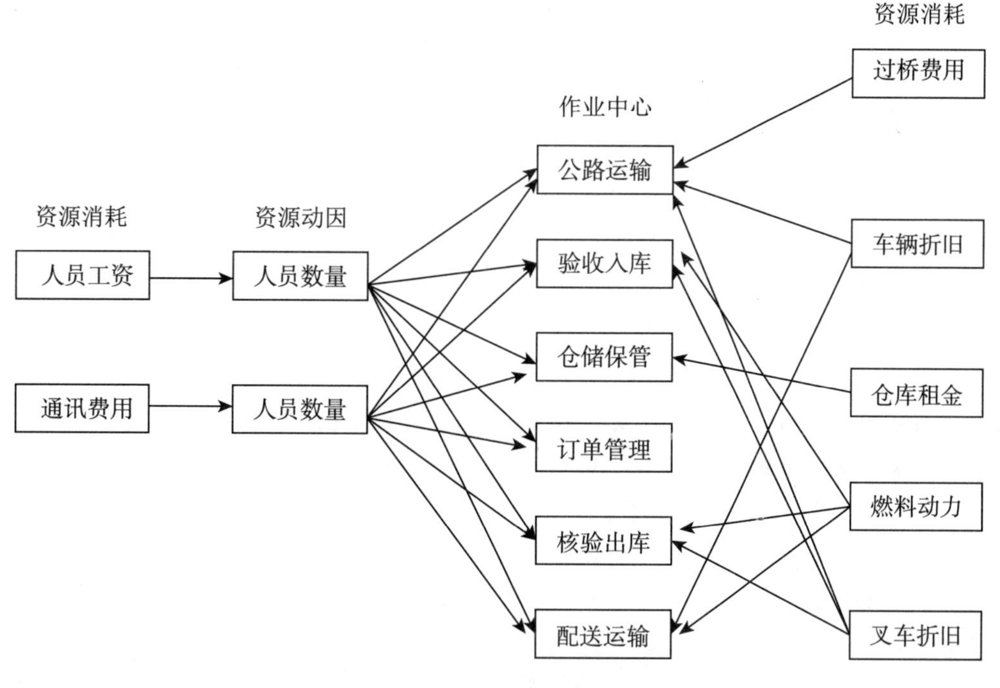

图 3-4 资源动因图

(二) 作业成本法的具体应用

1. 确定资源消耗数额。根据市场的定价标准，快递企业对此项运输业务的费用进行了合理的估计，相关费用预算如下。

(1) 燃料动力费用：首先，两种型号电视的重量、体积差异不大，因此运输成本基本相同。运输车每千米的柴油费用为 3.5 元，至 H 市路程为 810 千米，因此运输车往返耗费燃料动力的费用为 3.5×810×2＝5670 元。在一个月内，共需要向 H 市运输电视 9000 件(其中,网点 A 需要 5400 件,网点 B 需要 3600 件),每辆车一次可运输 300 件,共需往返运输 30 次,所花费的燃料动力费用合计为 30×5670＝170100 元。其次,根据以往的成本估计,用于验收入库的叉车每月消耗的燃料动力费用为 760 元,用于出库送货的叉车每月的燃料动力费用为 890 元。最后，配送车辆每千米消耗的燃料动力费用约为 4.1 元，而快递企业在 H 市的仓库和两个销售网点的距离基本上均为 21 千米，则配送一个往返的燃料动力费用为 4.1×21×2＝172.2 元。每一辆配送车可运载电视 300 件，也就是说为 A 仓库配送一次需要发车 3 次，由于每 10 天配送一次，则一个月内将会向仓库配送货物 3 次（每月按 30 天计算），则一个月共计配送车次 9 次；同样，B 仓库每配送一次需要发车 2 次，每 5 天配送货物一次，则一个月需要配送货物 6 次。

一个月中该企业为配送电视共需配送21次，则配送货物燃料动力费用172.2×21=3616.2元。

（2）车辆折旧费用：不同车辆的折旧费有所差异。运输车每辆月折旧费用为4500元，叉车每辆月折旧费用为950元，配送车每辆月折旧费用为3000元，其中运输车5辆，叉车4辆，配送车8辆，则一个月的车辆折旧费用合计为4500×5+950×4+3000×8=50300元。

（3）人员薪酬：根据企业的薪酬状况，该项业务的薪酬合计金额为165000元。

（4）通信费用：根据企业的经验来看，该项业务通信费用合计金额为8500元。

（5）仓库租金：企业签订的仓库租金300000元，即月租金为25000元。

在各种资源消耗中，既有与产品或服务相关的直接消耗，也有与产品和服务间接相关的资源消耗。直接消耗能直接对应成本核算对象，因此只需要按成本核算对象进行归集，而间接消耗因为难以直接追溯到成本核算对象，所以需要根据实际情况、成本核算需要进行重新分配。

企业发生的职工薪酬、通信费用以及仓库租金均属于间接的资源消耗，那么这些间接消耗不能直接计入成本核算对象，需要通过确定合理的资源动因然后在各作业中心进行重新分配和归集。员工薪酬和通信费用的资源动因是人员数量，作业中心的人员数量和人员工资见表3-8和表3-9。对于仓库租金而言，一个仓库可能并不会只存放一种产品，那么在仓库可以存放多种产品时，显然租金就不是直接费用，也需要重新进行分配和归集；由于目前运送的商品是存放与同一个仓库，可以将商品数量作为分配依据。

表3-8　各作业中心人员数量

作业中心	公路运输	验收入库	仓储保管	订单管理	核验入库	运输配送
人员数量	10	4	2	2	2	15

表3-9　人员工资

消耗资源名称	消耗数量（元）	作业中心	资源动因数量	单位资源消耗量	作业中心分配资源数量
工资	140000	公路运输	10	4000元/人	40000
		验收入库	4		16000
		仓储保管	2		8000
		订单管理	2		8000
		核验出库	2		8000
		运输配送	15		60000

2. 确定作业成本中心成本数额。作业成本中心消耗的各种成本应通过作业动因进行分配然后计入相关产品成本，具体见表 3-10 和表 3-11。

表 3-10 作业中心其他费用分配

消耗资源名称	消耗数量（元）	作业中心	资源动因数量	单位资源消耗量	作业中心分配资源数量
工资	14000	公路运输	10	400 元/人	4000
		验收入库	4		1600
		仓储保管	2		800
		订单管理	2		800
		核验出库	2		800
		运输配送	15		6000

表 3-11 作业中心成本汇总

作业中心	资源消耗	资源数量	作业成本
公路运输	燃料动力	170100	218600
	车辆折旧	4500	
	人员工资	40000	
	其他费用	4000	
验收入库	燃料动力	760	19310
	车辆折旧	950	
	人员工资	16000	
	其他费用	1600	
仓储保管	人员工资	8000	33800
	其他费用	800	
	仓库租金	25000	
订单管理	人员工资	8000	8800
	其他费用	800	
核验出库	燃料动力	760	10510
	车辆折旧	950	
	人员工资	8000	
	其他费用	800	
运输配送	燃料动力	3616.2	72616.2
	车辆折旧	3000	
	人员工资	60000	
	其他费用	6000	
合计		363636.2	

3. 确定单位作业动因资源消耗汇总。在作业成本法中，以资源动因为依据将企业的成本费用进行重新集合和分配，同时通过作业动因将成本费用进行再一次的归集和分配。因此，在作业成本法中确定作业动因十分重要。结合快递企业业务活动的特点，核定作业动因，如图 3-5 所示。

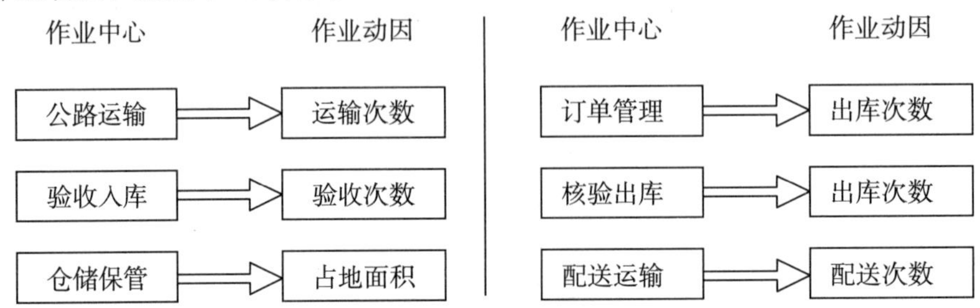

图 3-5 作业动因图

公路运输：作业动因为运输次数，显然公路运输的成本会随着运输次数的增加而增加，随着运输次数的减少而减少。

验收入库：作业动因为入库次数，每次入库均会使用叉车等设备，因此这一设备的折旧费用、燃料动力消耗会随着入库次数的增减变化而有变动。

仓储保管：作业动因为占地面积，对于企业而言，仓储费用主要取决于仓库面积的大小。其中，两个网点的仓储占用分别是 60%和 40%。

订单管理：作业动因为订单数目，订单数量直接影响订单管理的工作量以及需要的员工人数。

核验出库：作业动因为出库次数，检验费用、检验的材料、人工耗费都受出库次数影响，随着出库次数的增加呈正向变化。

运输配送：作业动因为配送车次，运输费用、运输的人工费、运输的燃料动力耗费都与配送车次相关，配送车次增加则运输费用增加，配送车次减少则运输费用减少。

确定好作业动因后，将各作业中心消耗的资源按照作业动因进行分配。再通过作业动因和资源动因计算作业中心成本，见表 3-12。

表 3-12 单位作业动因资源消耗汇总

作业中心	作业动因	作业资源数	A 销售网点	B 销售网点	网点合计	单位作业动因资源消耗
公路运输	运输车次	218600	18	12	30	7286.7
验收入库	验收次数	19310	9	12	21	919.5
仓储保管	占地面积	33800	6	4	10	3380
订单管理	订单数量	8800	3	6	9	977.8
核验出库	出库次数	10510	3	6	9	1167.8
运输配送	配送车次	72616.2	9	12	21	3410.3

表中数量依据方法以下确定。

订单管理中心：一辆配送车可运载电视 300 件，也就意味着对于 A 仓库，每配送一次需要发车 3 次，由于每 10 天配送一次，则一个月内将会向仓库配送货物 3 次（每月按 30 天计算）；同样，B 仓库每配送一次需要发车 2 次，每 5 天配送货物一次，则一个月配送货物 6 次。每次配送都会产生一笔订单，因此本月共产生 9 笔订单。

公路运输中心：在一个月内，共需要向 H 市运输电视 9000 件（其中，网点 A 需要 5400 件，网点 B 需要 3600 件），每辆车一次可运输 300 件，其中网点 A 18 次，网点 B 12 次，共需往返运输 30 次。

验收入库中心：每次产生订单都要对每辆车进行验收。每向 A 仓库配送一次需要发车 3 次，一个月验收 9 次；每向 B 仓库配送一次需要发车 2 次，每 5 天配送货物一次，则一个月配送货物 6 次，验收 12 次。

仓储保管中心：其中两个网点的仓储占用分别是 60%和 40%。

核验出库中心：每次订单都要对每辆车进行验收。每向 A 仓库配送一次需要发车 3 次，一个月验收 9 次；每向 B 仓库配送一次需要发车 2 次，每 5 天配送货物一次，则一个月配送货物 6 次，验收 12 次。

运输配送中心：每一辆配送车可运载电视 300 件，也就意味着每向 A 仓库配送一次需要发车 3 次。由于每 10 天配送一次，则一个月内将会向仓库配送货物 3 次（每月按 30 天计算），则一个月共计配送车次 9 次。同样，每向 B 仓库配送一次需要发车 2 次，每 5 天配送货物一次，则一个月配送货物 12 次，则一个月共需配送 21 次。

4. 确定作业成本总额。将所有作业成本进行汇总，见表 3-13。

表 3-13 作业成本汇总

作业中心	作业动因		单位作业动因资源消耗	作业总成本	
	A 销售网点	B 销售网点		A 销售网点	B 销售网点
公路运输	18	12	7286.7	131160.6	87439.4
验收入库	9	12	919.5	8275.5	11034.5
仓储保管	6	4	3380	20280	13520
订单管理	3	6	977.8	2933.4	5866.6
核验出库	3	6	1167.8	3503.4	7006.6
运输配送	9	12	3410.3	30692.7	40923.5
合计				196845.6	165790.6

在核算作业成本后，A 销售网点运输成本为 196845.6 元，B 销售网点运输成本为 165790.6 元，这就为企业进行交易报价提供了重要的依据。

(三) 作业成本法和传统成本法的比较分析

传统成本法下成本计算见表3-14。

表3-14 传统成本法下的成本计算

成本费用			各网点成本费用			
直接费用	间接费用		A销售网点		B销售网点	
燃料动力 175236.2			公路运输	102060	公路运输	68040
			验收运输	651.4	验收运输	868.6
			配送运输	1549.8	配送运输	2066.4
	车辆折旧	50300	30180		20120	
	人员工资	140000	84000		56000	
	其他费用	14000	8400		5600	
	仓库租金	25000	15000		10000	
合计			241841.2		162695	

显然，传统成本计算法更加简单，费用的归集和分配以发生的网点进行。相比之下，作业成本法计算烦琐，并且两种方法计算出来的结果也存在一定的差异，见表3-15。

表3-15 两种方法的成本比较

成本核算方法	A销售网点	B销售网点
作业成本法	196845.6	165790.6
传统成本法	241841.2	162695
差异率	-18.6%	1.9%

通过比较分析可以看到，在传统成本法下，两个中心的成本差异还是比较明显的，A销售网点的成本比B销售网点的成本高。这是因为在传统成本法下，间接费用以货物配送数量为标准进行分配，而A销售网点配送多，成本自然比较高。用作业成本法进行成本核算时，两个网点的成本比较接近，而其根源在于两种方法对于间接费用的处理完全不一样。在传统的成本核算方法下，费用分配标准单一，而间接费用往往形式多样，因此单一的分配标准显然会影响分配的准确性；作业成本法针对不同的间接费用采用不同的分配方法，分配更加精确，也就使得成本核算更加准确，更有利于企业进行交易报价和成本管理控制。

通过两种方法的对比可以看出，作业成本法有其特有的优越性，其对成本的分解更加细致，对于成本的计算更加科学准确，为企业的成本管理提供了更加有利的依据。

1. 作业成本法下成本核算更加多样化。相比传统成本法下将成本按照发生部门进行分类，对于难以归类的间接费用往往采用简单的产品数量或是其他单一标准进行分配，作业成本法更强调成本费用的有效归集和分配。作业成本法通过寻找和确定业务过程中的作业动因，然后根据作业动因建立作业中心，发现作业动因的驱动因素，将作业动因的驱动因素作为成本核算、分配和归集的标准，对于不同作业中心确定不同的分配标准，从而更加精确地进行费用分配和归集。这也使得企业在成本管理中可以有的放矢，明确各类成本发生的根源、各种资源消耗的情况，进而进行增值作业和非增值作业的有效判断，从而提高企业成本管理控制工资的效率。

2. 间接费用分配更加合理。直接费用往往能直接追溯到成本对象，因此直接费用一般能被准确归集。间接费用因为不是和产品业务直接相关，在分配和归集时就存在如何有效选择分配标准的困难。作业成本法和传统成本法的差异就在于对间接费用的处理上。在传统成本法下，间接费用的分配标准单一，一般对于不同间接费用都是采用统一的标准；而作业成本法通过观察可知不同的作业环节的影响动因是有差异的。因此，传统成本法下间接费用的分配不准确，会影响总成本核算的准确度；而作业成本法通过成本动因将成本环节分解，建立作业中心，然后确定各作业中心的资源动因，按照资源动因进行成本分配，不仅使得间接费用的分配更加合理准确，也使得成本核算和资源消耗的关系更加直观地反映出来。由此可见作业成本法更加科学合理地分配了成本费用，核算的成本数额也更加能体现资源的消耗，更有利于企业进行有效的成本管理和控制。

3. 成本管理权责分明。在成本管理中，只有权责分明才能有效地寻找到成本发生的负责方，才能在成本管理中有的放矢。传统成本法分配标准单一，成本核算形式简单粗放，不利于成本数据的追踪溯源；而作业成本法通过作业动因能有效地进行成本的追踪，更有利于成本管理。传统成本法由于分配简单，成本结果数据往往只能反映成本绝对数额的变化，不能反映出成本的降低或提高到底发生在哪些环节，因此在成本管理中难以权重明确，导致成本管理无法做到赏罚分明。作业成本法下成本的归集分配都在作业中心进行，能够确定不同的作业动因并按照不同的标准进行分配，不仅能更加准确地核算出成本数额，还能清晰地反映成本发生的原因和过程，能为企业成本管理和控制提供数据支持，从而方便企业追踪和管理资源消耗，明确各个部门的成本管理责任，推动企业成本管理的发展。

4. 成本核算程序更加科学合理。相比传统成本核算方法以生产部门为成本费用归集单位，作业成本法按照作业中心进行成本的归集，两者在成本核算程序上存在本质的差别。企业发生的成本费用按与生产部门的相关性可以分为直接成本和间接成本。直接费用因为与产品或是业务直接相关，所以可以准确地进行归集。但是间接费用因为不和产品业务直接相关，在分配和归集时存在如何有效选择分配标准的困难。传统成本法直接将间接费用通过简单的分配标准进行归集，成本核算程序简单，当然计算出来的成本也就不那么准确。作业成本法改变了传统成本下通过单一的分配标准对间接费用进行分配，通过对业务流程进行作业分解建立作业中心，并确定各个作业中心的成本驱动动因，针对不同的作业按照不同的分配标准进行分配，成本核算工作有所增加，但是相应的成本核算结果也更加客观准确，因此作业成本法也更加利于成本的追踪溯源，从而更加有利于成本管理。

三、对策建议

通过对该快递公司的成本费用分析，可以看出作业成本法和传统的成本核算方法存在本质的差异。作业成本法主要是关于间接费用的处理，通过资源动因进行分配，更加准确地分配费用，有效地找到资源消耗和成本活动之间的关系，有利于成本管理和控制。但是，在具体的企业实践案例中，可以发现作业成本法也存在不足。相比传统的成本核算方法，作业成本法通过多种分配标准分配间接费用，不可避免地增加了成本核算的工作量。另外，在使用作业成本法时，对于企业的成本管理工作基础要求比较高，因此要在企业有效实施作业成本法需要做到以下几个方面。

（一）鼓励全员参与

作业成本法通过对业务流程进行作业分解，确定作业中心，然后寻找和确定每个作业中心的成本驱动因素，从而进一步确定费用分配标准。由此可见，作业成本法名义上是成本核算的方法，但是本质上需要企业各个部门通力合作，企业各部门数据都要有详细完整的记录。在作业成本法下，成本核算贯穿于整个企业生产服务过程，因此只有全员参与，才能使得作业成本法得以有效实施。

（二）准确划分作业

顾名思义，在作业成本法中，作业的划分最为关键。如果作业中心划分过粗，就无法准确地展现成本发生的过程和环节，从而影响资源动因的确定，进而影响成本核算，最终导致成本管理控制无效；相反，如果作业中心划分过细，不仅会影响费用分配，还会造成成本核算烦琐混乱。成本核算的准确度需要花费相当多的成本来实现，因此企业要结合企业自身的实际情况，从成本收益的角度考虑，合理地利用作业成本法。

（三）作业划分与成本环节一致

作业成本法要发挥作用，需要企业对业务流程进行有效的作业确定，而作业的确定往往在实际工作中存在困难。为了方便成本核算、控制和管理，一般作业的划分按照生产和服务的发生环节，这样既能保证作业有效反映成本形成的过程，又能进行成本管理和控制。

（四）通过计算机信息技术辅助作业成本法的实施

作业成本法尽管核算精确，能准确反映成本费用水平，但是其缺点也显而易见，即计算烦琐复杂，这给成本核算工作造成了一定的困难。如果这些能通过相关的软件完成，则工作量会大幅减少。因此，有条件的企业可以通过软件公司根据企业自身情况开发适合企业的核算软件，减少人工计算、统计等相关工作，从而克服作业成本法的弊端，尽可能发挥其优势。

(五) 将网络技术与成本核算相结合

网络技术对于企业经营活动的影响是不可回避的。因此，在信息时代，数据共享互联也为企业管理提供了良好的契机。企业必须适应时代的发展，将网络技术与成本核算相结合，通过企业内部网络的完善，实现成本数据在企业各个部门的共享。

第三节 全面预算管理在小型服装企业的应用

一、企业介绍及现状分析

某小规模的服装制造企业，主要生产和销售羽绒服，其产品主要销往欧美市场，以一打为一个打包件进行销售。由于羽绒服是明显的季节性产品，其生产和销售具有明显的淡旺季差别。企业之前一直采用代理记账，没有专门的人员负责成本的监控和管理，财务管理比较混乱，财务状况不佳。近年屡次发生旺季材料采购不足、淡季材料积压、现金闲置过多的问题，加上国际市场竞争加剧，企业销售状况不佳，利润缩减，企业生存面临挑战。2011 年，企业通过认真进行市场调研，发现要在外部市场上增加销售，困难重重，同时通过企业内部的整顿管理发现成本降低尚有不少可行之处，因此企业决定通过成本管理实现利润目标。企业聘请了高级财务管理人才，通过修改完善相关财务制度、将全面预算用于企业的预测和决策进而对成本费用进行严格的管控，实现了企业的扭亏为盈；通过全面预算管理为企业确定了战略目标和战略规划，围绕战略目标建立了相应的预算管理体系，并构建了企业经营管理绩效评价机制，最终改善了企业财务状况，促进了企业的经营管理，提升了企业效益。

二、全面预算管理应用对比分析

至 2016 年年末，企业已经连续 5 年有持续增长的利润，企业管理层在几年的经营中积累了丰富的经验，因此企业希望扩大生产规模。此时正逢企业在展销会上得到 2620 件订单，企业目前产能是 1800 件，因此需要购入一台价值 100 万元的设备。因为涉及设备的采购和生产规模的扩大，企业采用全面预算对下一年度的生产经营活动进行了预测。

(一) 全面预算的编制

1. 销售预算。通过 5 年的预算管理，企业建立了通过销售确定产量和采购量的原则。首先，企业根据市场和订单情况进行销售预算，确定了预计销售量、销售价格和销售额等参数。在进行销售预算的同时，编制与销售收入有关的现金收入计算表，用以反映全年及各季销售所得、销售收入和回收以前期应收账款的现金数额。企业为了扩大销售，采用赊销方式，销售当季收回货款 60%，次季收回货款 40%，年初应收账款为 120 万元。企业的销售预算表如表 3-16 所示。

表 3-16　销售预算表

单位：元

销售	项目	一季度	二季度	三季度	四季度
预算	预计销售量	950	450	340	880
	销售单价	9600	9600	9600	9600
	预计销售额	9120000	4320000	3264000	8448000
预计现金收入计算表	期初应收账款	1200000			
	第一季度现金收入	5472000	3648000		
	第二季度现金收入		2592000	1728000	
	第三季度现金收入			1958400	1305600
	第四季度现金收入				5068800
	现金收入合计	6672000	6240000	3686400	6374400

由表 3-16 可知企业的销售呈现出明显的淡旺季差别，在一、三季度销售量比较大，现金回收也比较多，企业全年现金收入 22972800 元，企业现金充裕，可以满足扩大生产的需要。

2. 生产预算。由于市场竞争激烈，企业为了减少产品积压，降低资金占用率，以销量定产量，因此在销售预算的基础上进一步编制了生产预算，如表 3-17 所示。根据企业的产品生产销售情况，季末预计的产品存货占次季销售量的 10%，年末存货为 50 件，年初的存货量为 0 件。

表 3-17　生产预算表

单位：件

项目	一季度	二季度	三季度	四季度	全年
预计销售量	950	450	340	880	2620
加：预计期末存货量	45	34	88	50	50
合计	995	484	428	930	
减：预计期初存货量	0	45	34	88	
预计生产量	995	439	394	842	2670

由于销售的季节性，生产也呈现季节性差异。通过生产预算，企业可以根据产量进行采购，同时也可以进一步预测材料费用、人工费用和制造费用，进而预测生产成本。

3. 直接材料预算。羽绒服单位消耗鸭绒等材料 36 千克，每千克材料 100 元。购料于当季支付 60%，其余部分于下一季度支付。季末实木等材料库存量为下一季度生产量的 10%，期末存量 2600 千克。年初应付账款 40 万元。材料预算的同时又涉及材料款的支付，因此材料预算还会涉及现金预算，需要将材料款中需要以现金结算的部分预计出来，如表 3-18 所示。

表 3-18 直接材料预算表

数量单位：千克 金额单位：元

项目	一季度	二季度	三季度	四季度	全年
预计生产量	995	439	394	842	2670
单位产品材料用量	36	36	36	36	36
生产需用量	35820	15804	14184	30312	96120
加：预计期末存料量	1580.4	1418.4	3031.2	2600	8630
合计	37400.4	17222.4	17215.2	32912	104750
减：预计期初存料量	0	1580.4	1418.4	3031.2	6030
预计材料采购量	37400.4	15642	15796.8	29880.8	98720
材料单价	100	100	100	100	100
预计直接材料采购成本	3740040	1564200	1579680	2988080	9872000
期初应付账款	400000				
第一季度现金支出	2244024	1496016			
第二季度现金支出		938520	625680		
第三季度现金支出			947808	631872	
第四季度现金支出				1792848	
合计	2644024	2434536	1573488	2424720	9076768

4. 直接人工预算。在生产预算的基础上，根据生产预算、工时定额（或者标准工时）、小时工资率（或者标准工资率）等相关的成本资料预测直接人工费用。生产一件羽绒服需要耗用人工 36 小时，每小时的工资率 50 元，如表 3-19 所示。

表 3-19 直接人工预算表

单位：元

项目	一季度	二季度	三季度	四季度	全年
预计生产量（生产预算）	995	439	394	842	2670
单位产品工时定额（小时）	36	36	36	36	36
直接人工工时总额	35820	15804	14184	30312	96120
单位工时工资率	50	50	50	50	50
预计直接人工成本总额	1791000	790200	709200	1515600	4806000

5. 制造费用预算编制。制造费用包括生产成本中除直接材料和直接人工以外的其他一切费用。在管理会计中，制造费用按照成本性态可分为变动制造费用和固定制造费用。由于企业采用了更为先进的生产方式，下一年度固定制造费用有了较大节省，为 175000 元，每工时应分配的变动性制造费用为 20 元。其中折旧为 75000 元，其余均以现金支付，如表 3-20 所示。

表 3-20 制造费用预算表

单位：元

项目		一季度	二季度	三季度	四季度	全年
变动性制造费用		716400	316080	283680	606240	1922400
固定性制造费用		37500	37500	50000	50000	175000
其中：折旧费		12500	12500	25000	25000	75000
预计现金支出	变动制造费用	716400	316080	283680	606240	1922400
	加：固定制造费用	37500	37500	50000	50000	175000
	减：折旧费用	12500	12500	25000	25000	75000
	现金支出合计	741400	341080	308680	631240	2022400

6. 产品成本预算。根据生产预算、直接材料预算、直接人工预算、制造费用预算汇总后可预测出企业产品的生产成本。结合销售预算和生产预算，可以进一步预测企业的存货和销货成本，进而为最后预测资产负债表和利润表做准备，如表 3-21、表 3-22所示。

表 3-21 产品成本预算表

单位：元

成本项目	用量标准	价格标准	单位成本
直接材料	36 千克/件	100 元/千克	3600 元/件
直接人工	36 小时/件	50 元/小时	1800 元/件
变动制造费用	36 小时/件	20 元/小时	720 元/件
合计	—	—	6120 元/件

表 3-22 存货成本、销货成本预算表

单位：元

项目	一季度	二季度	三季度	四季度	全年
期初存货量	0	45	34	88	
期初单位产品成本	0	6120	6120	6120	
期初存货成本	0	275400	208080	538560	
本期生产量	995	439	394	842	2670
本期单位生产成本	6120	6120	6120	6120	6120
本期生产成本	6089400	2686680	2411280	5153040	16340400
期末存货量	45	34	88	50	
期末单位产品成本	6120	6120	6120	6120	
期末存货成本	275400	208080	538560	306000	306000
本期销货成本	5814000	2754000	2080800	5385600	16034400

7. 销售及管理费用预算。销售及管理费用预算主要预测销售费用和管理费用，反映了企业在生产过程以外的其他费用。按照成本性态分析，销售及管理费用可分为变动费用和固定费用。由于企业近几年产品质量好，客户认可度提高，企业准备下年度在广告费上做适当缩减。单位变动销售与管理费用为 30 元；每季度广告费为 5000 元；租金每季度为 2000 元；每季度折旧费 1500 元；每季度管理人员工资为 30000 元，每季度保险费为 20000 元；固定费用除折旧费以外全部都是现金支出，如表 3-23 所示。

表 3-23 销售及管理费用预算表

单位：元

项目		一季度	二季度	三季度	四季度	全年
变动性费用		28500	13500	10200	26400	78600
固定性费用		78500	78500	78500	78500	314000
折旧费		1500	1500	1500	1500	6000
预计现金支出	变动费用	28500	13500	10200	26400	78600
	加：固定费用	78500	78500	78500	78500	314000
	合计	107000	92000	88700	104900	392600
	减：折旧费用	1500	1500	1500	1500	6000
	现金支出合计	105500	90500	87200	103400	386600

8. 专门决策预算。专门决策预算是指在预算期内为不经常发生的、一次性非经营活动所编制的预算，一般是与长期投资决策相关的资本支出预算、与产品更新改造和新产品开放有关的生产经营决策预算等，可分为资本支出预算和一次性专门业务预算两种类型。资本支出预算是企业在投资项目可行性研究的基础上编制的反映长期投资项目投资的时间、规模、收益以及资金筹措方式等内容的预算。一次性专门业务预算是为财务部门在日常理财活动中发生的一次性业务而编制的预算。企业因为多接了订单，要扩大产能，第二季度需要支付 1000000 元购买设备。

9. 现金预算。销售、采购、生产环节都有现金流量的变动，企业由于实行赊销，销售收入和现金收入并不能同步，从而对于企业资金管理提出了更高的要求，因此有必要通过现金预算来反映预算期内企业的现金收支情况。现金预算的编制内容包括现金收入、现金支出、现金预算结余、现金融资等。其中，现金支出数据主要来源于销售预算，主要包括预算期的销售收入以及应收账款的收回；现金支出包括预算期内可能发生的一切现金支出，主要包括材料采购支出、人工支出、费用支出、所得税支出、专门决策预算支出等。企业年初现金余额为 500000 元，该公司与银行商定，如需借款，于季初借入；如拟偿还借款，应在季末进行。企业借入与偿还现金的金额均应是 10000 的整数倍，借款按年计息，年利率为 10%，利随本清。企业的现金流量预算如表 3-24 所示。

表 3-24　现金流量预算表

单位：元

项目	第一季度	第二季度	第三季度	第四季度	合计
期初现金余额	500000	1099701	2324260	3070967	500000
加：本期现金流入	6672000	6240000	3686400	6374400	22972800
合计	7172000	7339701	6010660	9445367	23472800
减：本期现金流出	6072299	5015441	2939693	5401835	18429268
直接材料	2644024	2434536	1573488	2424720	9076768
直接人工	1791000	790200	709200	1515600	4806000
制造费用	741400	341080	308680	631240	2022400
销售及管理费用	105500	90500	87200	103400	386600
预计所得税	790375	359125	261125	726875	2137500
预计设备购置	—	1000000	—	—	—
期末余额	1099701	2324260	3070967	4043532	4043532

现金流量表的预算显示，全年现金收入 22972800 元，最后现金余额 4043532 元，而年初是 500000 元，说明企业有足够的资金购买设备扩大生产。

10. 利润表预算。通过利润表预算可以有效了解企业在预算年度的经营情况以及经营成果。根据前面相关的费用预算、销售活动、生产活动、采购活动可以进一步对企业的经营成果进行估计，如表 3-25 所示。

通过利润表的预算可以看出，企业全年获得净利润 6109875 元，结合现金流量表，期末现金余额 3925975 元，可知企业利润的收现性较高，资金有保证。对比前面的采购、生产、销售等一系列预算，说明企业尽管在原有价格下进行销售，但通过成本的控制，拓宽了利润空间。因此，企业采购设备、扩大生产对于企业发展是有利的。

表 3-25　预计利润表

单位：元

项目	第一季度	第二季度	第三季度	第四季度	合计
销售数量	950	450	340	880	2620.00
销售收入	9120000	4320000	3264000	8448000	25152000.00

续表

项目	第一季度	第二季度	第三季度	第四季度	合计
减：变动成本	5842500	2767500	2091000	5412000	16113000.00
直接材料	3420000	1620000	1224000	3168000	9432000.00
直接人工	1710000	810000	612000	1584000	4716000.00
变动制造费用	684000	324000	244800	633600	1886400.00
变动推销管理成本	28500	13500	10200	26400	78600.00
得：贡献毛益	3277500	1552500	1173000	3036000	9039000.00
减：固定成本	116000	116000	128500	128500	489000.00
固定制造费用	37500	37500	50000	50000	175000.00
固定推销管理成本	78500	78500	78500	78500	314000.00
得：息税前利润	3161500	1436500	1044500	2907500	8550000.00
减：利息支出	—	—	—	0	0.00
得：税前利润	3161500	1436500	1044500	2907500	8550000.00
减：所得税	790375	359125	261125	726875	2137500.00
得：税后利润	2371125	1077375	783375	2180625	6412500.00

11. 资产负债表预算。预计资产负债表能对企业在预算期间的财务状况进行有效的反映。预计资产负债表的数据来自期初资产负债表（见表 3－26）、业务预算表、现金预算表和利润预算表等。

表 3－26　期初资产负债表

单元：元

资产		负债及所有者权益	
流动资产		流动负债	
货币资金	500000	应付账款	400000
应收账款	1200000		
存货	0		
材料	0	合计	400000

续表

资产		负债及所有者权益	
流动资产		流动负债	
产成品	0	所有者权益	
合计	1700000	留存收益	2244000
固定资产	944000		
房屋及设备	1000000		
累计折旧	56000		
		合计	2244000
资产合计	2644000	合计	2644000

对比年初的资产负债表，期末货币资金余额大幅增加，这是企业增加销售，成本控制的结果。企业的所有者权益由原来的2244000元提高到8656500元，增幅显著，企业发展态势良好，见表3-27。

表3-27　预计资产负债表

单位：元

资产		负债及所有者权益	
流动资产		流动负债	
货币资金	4043532	应付账款	1195232
应收账款	3379200		
存货	566000		
材料	260000	合计	1195232
产成品	306000	所有者权益	
合计	7988732	留存收益	8656500
固定资产	1863000		
房屋及设备	2000000		
累计折旧	137000		
		合计	8656500
资产合计	9851732	合计	9851732

（二）全面预算的执行控制

通过预算，企业相当于对预售期的采购、生产、销售、资金筹集等活动都进行了模拟经营演算，在实际经营中又可以对实际经营数据和预算数据进行比对分析，从而发现差异并寻找对策。为了保证预算的有效执行，企业对经营过程进行了事前、事中、事后控制。例如，提前做好资金使用计划表，严格企业资金使用的审批权；进一步加强材料的采购、领用制度；加强了材料物资的管理和控制。在预算执行中，定期比照实际情况对预算执行情况进行差异分析并寻找原因，对于不利差异及时加以纠正，对于有利差异进行详细记录，作为下一年度预算调整的依据。定期根据实际经营情况进行预算执行分析，并将预算执行情况进行层层通报，确保各个部门以及每个员工都清楚预算及预算执行情况。

三、对策建议

通过建立全面预算体系，运用全面预算工具，对企业未来的经营管理进行有效的预测，使得企业能更好地控制成本费用，提升利润空间，在激烈的市场竞争中占有一席之地。

全面预算在制造企业的成本管理和控制中有着非常重要的作用。随着经济的发展，信息技术日益成熟，对企业的成本管理提出了更高的要求，全面预算等现代化的管理会计工具在制造企业的成本管理中必将发挥更大的作用。

第四节　经济增加值在中型食品企业的应用

一、企业介绍及现状分析

某食品企业自 2005 年创办以来励精图治，企业效益稳步提升，目前在区域内处于该行业的领先位置。该企业根据行业特征，精心布局，形成了覆盖区域的营销网络；专注食品行业，采用一体化的品牌推广模式，提升了品牌形象，成为在食品和饮料行业都具有一定影响力的企业；以创新驱动企业发展，坚持生产技术革新，通过自主研发、引进技术、合作开发等方式，目前已拥有不少先进的食品饮料生产线；致力于新产品研发，关注食品安全和食品健康，与国内外众多食品研究机构进行长期合作，开发健康绿色产品，不断满足消费者需要；坚持“质量优先”的企业理念，不断推出新产品，优化原有产品，加强企业管理，努力将企业打造成综合性、国际化的现代企业。

二、经济增加值在企业的应用分析

（一）企业目前的业绩评价情况

该企业一直参照大多数企业的业绩评价模式，通过定性和定量指标进行评价。首先确定指标，对定性指标进行计算，并以修正系数修正，对定性指标进行打分赋值，最后进行综合评价。定量指标分为 3 个层级，总共 28 个指标。其中主要有财务收益状况、资产营运状况、偿债能力状况和发展能力状况 4 个一级指标。而财务收益状况下又有 2 个基本指标（净资产收益率和总资产报酬率）和 3 个修正指标（资本保值增值率、销售利润率、成本费用利润率）。定性指标有 8 个，主要是对一些难以量化的事项进行评价，对定量指标进行补充，以期全面反映企业的业绩状况。企业目前的业绩评价状况如表 3－28 所示。

表 3－28　企业业绩评价表

定量指标（权重 80%）			定性指标（权重 20%）
指标类别（100 分）	基本指标（100 分）	修正指标（100 分）	评价指标（100 分）
财务收益（42 分）	净资产收益率（30 分） 总资产报酬率（12 分）	资本保值增值率（16 分） 销售利润率（14 分） 成本费用利润率（12 分）	领导层素质（20 分） 产品市场占有率（18 分） 资产管理水平（20 分） 员工素质（12 分） 设备先进度（10 分） 行业（区域）影响度（5 分） 发展战略（5 分） 未来发展能力（10 分）
资产营运能力（18 分）	总资产周转率（9 分） 流动资产周转率（9 分）	存货周转率（4 分） 应收账款周转率（4 分） 不良资产比率（6 分） 资产损失率（4 分）	
偿债能力（22 分）	资产负债率（12 分） 已获利息倍数（10 分）	流动比率（6 分） 速动比率（4 分） 现金比率（4 分） 经营亏损挂账比率（3 分） 一年内到期负债比率（5 分）	
发展能力（18 分）	销售增长率（9`分） 资本积累率（9 分）	总资产增长率（7 分） 固定资产成新率（5 分） 三年利润平均增长率（3 分） 三年资产平均增长率（3 分）	

(二)企业业绩评价标准的确定

1. 利润考核标准。每年年末,企业都会为下年度制订年度计划和目标。企业各部门管理层结合本年度的经营情况同时通过进行下年度市场预测、企业经营目标规划,制订下年度的生产经营计划。这些部门年度计划书由部门负责人签字并呈报董事会,以后作为管理控制以及监督考核的依据。而年度计划中最重要也是首先要确定的是公司年度的利润目标。企业利润目标主要通过下列指标进行考核,如表3-29所示。

表3-29 利润考核指标

指标	计算公式
销售利润率	利润总额/销售收入×100%
成本费用率	利润总额/成本费用总额×100%
资产利润率	利润总额/平均资产总额×100%
净资产收益率	净利润/平均股东权益额×100%
每股收益	净利润/总股数

2. 管理层薪酬考核标准。企业薪酬考核关系到企业的收入分配,对企业员工的工作积极性有很大影响。企业遵循权责明确、按劳分配、多劳多得的原则,力求兼顾公平和效率,希望能够通过薪酬保证公平,同时实现有效激励。基本工资加奖励,奖励部分主要针对工作积极、对于企业发展有贡献的行为。管理层薪酬分为三个层次。第一,将近三年职工平均年薪酬(M)的4倍作为管理层的基本岗位报酬。第二,以完成企业年度销售目标和净利润的增幅情况确定绩效薪酬。管理层绩效薪酬=上年度管理层绩效薪酬×[0.3×(1+净利润增长率)+0.2×(1+销售收入增长率)+0.1×(1+职工人均收入增长率)]。其中,净利润增长率等于计算期企业实现的净利润除以计划期企业的净利润;销售收入增长率指公司当年实现销售收入占本年度制订的计划销售收入的比重。第三,企业设立专项激励奖金,用于奖励个别管理层的突出表现,以此激发管理层在完成计划目标的基础上有足够的动力实现超额目标。在考核期内实现有效筹资、获得专利、致力创新的行为都能申请专项奖励,并报企业考核小组审核确定。管理层薪酬考核标准如表3-30所示。

表3-30 管理层薪酬考核标准

职务	工资标准	绩效薪酬
董事长	4M	基数×4M×100%
副董事长、总经理	4M×95%	基数×4M×(90%~95%)

续表

职务	工资标准	绩效薪酬
副总经理、总工程师	4M×80%	基数×4M×（75%～85%）
董事会秘书、总会计师	4M×70%	基数×4M×（75%～85%）

（三）企业目前的业绩评价中存在的问题

该企业对市场前景和竞争对手的情况进行了详细分析，认为通过近20年的发展，企业积累了一定的资本和发展经验，同时现在人们的食品和饮料消费日益多样化且注重健康化，因此企业希望能抓住机遇进一步发展。但是近几年企业内部管理混乱，成本超支严重，在很大程度上限制了企业的发展，因此企业希望通过一系列方法改善和提升企业管理，进而实现企业效益的增加。基于此，企业对目前自身业绩评价中存在的问题进行了梳理。

1. 企业没有明确的战略目标和科学的战略规划，从而导致业绩评价流于形式，没有发挥出业绩评价对于企业经营的引导和激励作用。企业目前是个人大股东拥有主要控制权，并没有实现真正意义上的分权治理。高度集权使得各个部门没有足够的决策权，从而导致各层级、各部门管理者的积极性难以调动，难以实现部门利益和公司利益的一致。

企业的战略目标是企业发展的方向，对于企业的发展有着巨大的影响和作用。要想使企业战略真正有序推进，需要企业内部各层级、各部门的通力合作。而目前企业以利润为企业业绩评价的主要目标，尽管通过三个层次对企业的经营业绩进行了反映，但是缺乏完整性，并没有真正体现企业的战略目标。同时，一个企业发展态势、业绩的好坏除了体现在会计利润上，还体现在很多其他非会计指标上，比如企业的创新性、员工的团队合作能力、员工对于企业的认可度和归属感等。

2. 对于权益资本的评价缺失。目前企业的核心评价指标主要还是销售利润率、成本费用利润率、资产利润率等利润相关的比率指标，比率指标的核算都不涉及权益资本。而经济增加值（EVA）用来考核企业的真正内在价值，因此在考核的时候不可回避的是对于权益资本的考核。权益资本的成本不像负债资本成本那么显而易见，但是权益资金也是存在成本的。而原来的评价体系，容易误导管理层，不重视权益资本的回报率，存在股权资本随意浪费的问题。这样会影响企业使用权益资金的数额，同时也会影响企业未来权益筹资的规模。

3. 缺少可持续发展的评价指标。尽管追求利润是企业建立的目的，但是利润这一指标不能很好地体现投入和产出的关系，同时企业对于利润的追逐容易使企业的行为存在短期性，这样反而不利于企业的长远发展。从企业未来发展的角度看，企业现在的一些行为，如不注重员工培训、不关注企业创新和产品研发，都会影响企业的核心竞争力，不利于企业的可持续发展。因此企业的业绩评价应该引入可持续发展的评价指标。

4. 经营业绩数据有所失真。利润额是企业在一定期间内全部收入和全部费用的差额，是按照收入与费用配比原则加以计算的，在一定程度上体现了经济效益的高低。利润是企业利用股东投入资本为股东创造的财富，是投资者关注的重要内容，投资者往往根据利润大小进行投资决策，同时留存企业的利润也是企业未来经营活动资金的主要来源。因此，净利润总额是大多数企业业绩评价的基本指标。但是在会计核算中，计算利润时并不扣减股本成本，而且在权责发生制下，利润的计算是有一定人为操作性的，因此如果仅仅根据财务报表上的数据来对企业的经营业绩进行评价，难免会客观正确，从而影响企业的长远发展。

5. 公司业绩评价多是事后评价，难以实现对于企业未来事项的有效预测。企业目前的业绩评价主要依据的是企业的会计信息和财务指标。而财务会计注重的是对企业已发生的业务的记录和反映，因此财务会计基于其基本职能，对于未发生的经济业务并不能准确、有效地进行预测和反映。而从企业长远发展的角度而言，企业的发展潜力对企业的发展意义重大，因此在业绩评价中需要引入一些指标，用来反映和评价企业经营活动价值链，从而使企业能不断发现问题并及时修正，推动企业健康、高效发展。

(四) 基于经济增加值的企业业绩评价

1. 经济增加值的计算。经济增加值的计算是建立在财务会计数据基础上的，通过对资产负债表和利润表项目进行调整，使调整后的数据更能体现归属于投资者的收益，进而判断是否实现了资本增值。首先，对报表数据进行分析，并对利润项目进行调整，由此计算出税后净营业利润。其次，对资产负债表中的相关项目进行调整，确定投入资本总额，通过计算股东权益和计息负债的加权平均资本成本率，测算出企业使用资本的成本总额。最后，将经过调整后的税后净营业利润与企业使用资本的成本总额相减，得出经济增加值。

根据定义，可知经济增加值是由税后净营业利润、全部资本总额、加权平均资本成本率几个因素决定的。税后营业利润是指净利润加上利息费用、折旧或摊销等非现金支出，即在原有会计利润表上不包括资产减值损失、财务费用、营业外收支和调整后的经济增加值所得税。资本占用是指投资者实际投入公司经营的全部资金的账面价值，包括债务资本和股本资本。其中，债务资本包括债权人提供的长短期贷款，不包括不产生利息的信用负债，如应付账款、预收账款、其他应付款和应付票据等会计项目；股本资本包括普通股及少数股东权益。加权平均资本成本是指以债务资本和股本资本分别占全部资本的比重为权数，对其资本成本加权平均计算出的平均单位成本。

经济增加值的计算构成如图 3－6 所示。

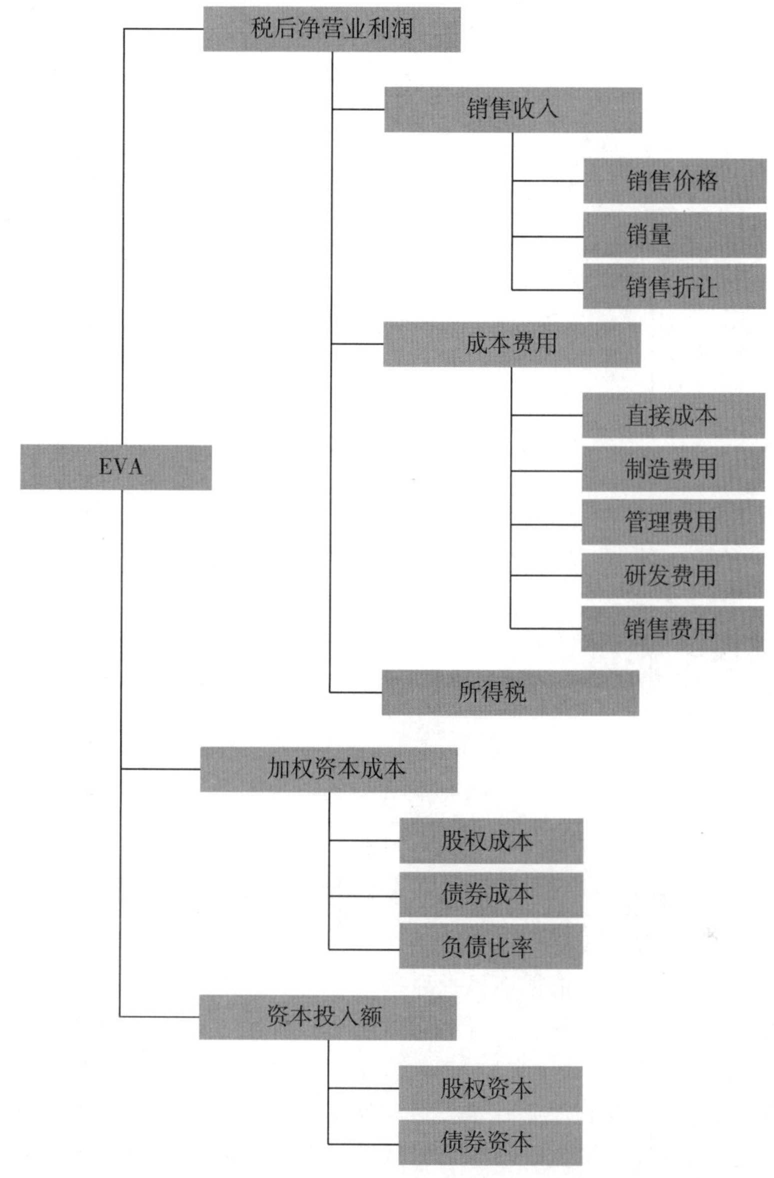

图 3-6 经济增加值的计算构成

由经济增加值的计算构成图可知，企业要想提升经济增加值，需要从提高收入和降低成本两方面入手。具体来说，要结合往年数据以及市场形势进行有效的市场预测，通过市场调查和顾客追踪，了解产品需求情况，进行产品升级和品质提升，从而实现销售增加；对企业的经营活动进行梳理，确定增值业务和非增值业务，摒弃非增值业务，提高资产利用率，降低资产闲置率，在不影响企业信用和偿债能力的情况下加强对资金成本相对较低的负债资本的利用。经济增加值的影响因素如图 3-7 所示。

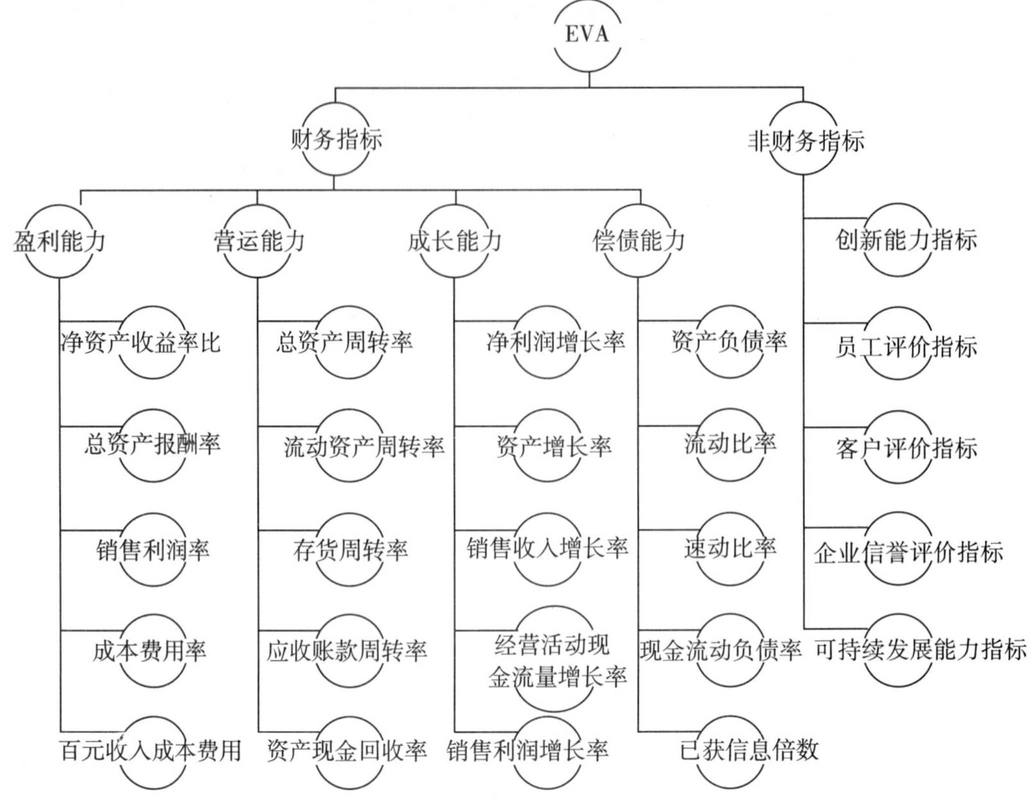

图 3-7 经济增加值的影响因素分解

2. 基于经济增加值的会计项目调整。基于经济增加值对企业的会计项目进行调整，将账面价值调整为企业真实的经济价值。

(1) 减值准备的调整：根据谨慎性原则，企业需要对未来有可能发生损失的资产提取减值准备。例如，坏账准备、存货跌价准备、长期股权投资减值准备、持有至到期投资减值准备等减值项目。同时，企业每年应至少进行一次减值测试，按资产的账面价值与可收回金额孰低的原则计量。但是通过实际盘查发现，对于企业而言，一些减值项目其实并没有实际发生，没有带来资产的减少，而减值准备作为利润表中的一个扣减项，其金额大小对于利润有着直接影响，因此减值准备其实给利润核算造成了可以人为操作的空间。因此，在核算经济增加值时，要将各类减值准备重新加回去，这样势必造成净利润增加。

(2) 无息债务的调整：企业借入的资金大部分是存在利息的，这些利息成本一般体现在财务费用中，在利润计算时已经被扣除，因此不需要进行调整。但是一些无息债务，如应付账款、预收账款等，从筹资角度来说也属于企业的负债筹资，而这部分资金显然没有发生资金成本，所以这些资金在计算加权资金成本时应该扣除，这样资金的使用量就有所下降，加权资金成本也会降低。

(3) 在建工程的调整：企业在建工程在建造完成前，不会投入使用，因此一般不会有现金流入。在核算经济增加值时，固定资产正式投产后才有现金流入，而在建工程期间只有现金流出，现金流入流出不配比，因此在建工程所占用的资金应该在资金成本中扣除，只有在建工程完工达产后才能计入资金成本。

(4) 无形资产的调整：根据会计准则，无形资产的账务处理分为两个阶段：一是研究阶段的支出全部费用化，计入当期损益；二是开发阶段的费用如果符合资本化条件，计入资产成本，不符合资本化的费用计入当期损益。企业无形资产的多少在一定程度上反映了企业对于创新、研发活动的重视，也反映出企业未来的发展能力。同样根据配比原则，在无形资产的研发尚未形成资产时，其资本占用应该从资金成本中扣除，在研发成功达产后再计入资金成本。

(5) 非主营项目的调整：在经济增加值核算中，强调增值项目，摒弃不增值项目。因此，要对利润表中的一些非主营项目进行调整。通过对历史数据的分析，将营业外支出的部分等一些非经常性支出在核算利润时剔除。这样能有效地避免企业利润因为一些非经常项目受影响。

(6) 财务费用的调整：财务费用是企业筹集资金发生的费用，一般是利息费用和汇兑损益。汇兑损益一般和企业的主营业务没有直接关系，因此在计算经济增加值时要剔除。另外，一些财务费用的扣减项属于企业非经常性收益，也要在计算的时候减去。而一些付息的负债，在计算资本占用的时候已经计算过了，为了避免重复计算，也要把这些付息负债减去。

3. 企业经济增加值的计算结果。根据经济增加值的计算公式，对资本占用额、税后净利润和加权资金成本进行逐项计算。

(1) 资本占用额（CE）的计算如表 3-31 所示。

(2) 税后净利润的计算如表 3-32 所示。

(3) 加权资金成本的计算：加权资金成本通过各项占用资本的资金成本乘以资金占总资金占用额的比重后加总计算获得。加权资金成本反映了企业综合的用资成本，有利于从成本的角度考核企业的资金使用回报率。根据收益和风险配比原则，在债务资金成本的基础上追加一定的风险溢价，而权益资金承担的风险更大，因此根据资本资产定价模型，其中无风险报酬率参考国债利率并结合这个资本市场的情况，选取4.4%。债务资金成本的计算和权益资金成本的计算如表 3-33、表 3-34 所示。

表 3-31 资本占用额计算表

单位：元

年度		2015	2016	2017
股权资本		2150400	2150400	2150400
有息债务资本	短期借款	1470000	1050000	810000
	长期借款	450000	582000	300000
	一年内长期借款	180000	348000	462000
资本化费用	研发费用	499.5	68179.71	79195.58

续表

年度		2015	2016	2017
各项减值准备	坏账准备	34417.6	18330.61	29360.5
	存货跌价准备	8687.79	13430.6	19413.6
	持有至到期投资减值准备	22800	22800	22800
	长期股权投资减值准备	51151	51151	51151
	固定资产减值准备	10159.5	10159.5	10159.5
未达产的资产	在建工程	250975	1102388.2	3073149.2
	应收及预收项目	9471.4	9471.4	14102.2
资本占用总额（CE）		4638561.79	5426311.02	7021731.58

表 3-32　税后净利润计算表

单位：元

年度/项目	2015	2016	2017
净利润	1037359.53	768902.2	369022.7
所得税	195035.7	117150.6	27273
利息费用	111859.7	102212.2	64404.03
息税前利润	1344255	988265	460699.7
所得税率	25%	25%	25%
息前税后利润	1008191.2	741198.8	345524.8
非经常性收支	19635.7	187138.7	293778.6
广告费用	1617	0	0
税后净营业利润（NOPAT）	1029444	928337.5	639303.4

表 3-33　债务资金成本计算表

单位：元

年度/项目	2015	2016	2017
短期借款	1470000	1050000	810000
长期借款	450000	582000	300000
负债总额	2992972.8	2653948.1	3432330.9
一年期短期借款贷款利率	7.2%	6.9%	6.6%
短期借款占负债总额比重	49.12%	39.56%	23.6%
五年期长期贷款年利率	6.4%	6.4%	6.15%
长期负债占负债总额比重	15%	25.9%	11.5%
税前债务资本成本	4.6%	4.57%	2.33%
平均所得税率	25%	25%	25%
税后债务资本成本	3.14%	3.43%	1.75%

表 3-34 权益资金成本计算表

单位：元

年度/项目	2015	2016	2017
负债总额	2992972.8	2653948.1	3432330.9
股东投入资本	7375017.9	7749357.6	7916206.3
全部资本	10367990.7	10403305.7	11348537.2
负债比重	28.87%	25.5%	30.2%
权益比重	71.13%	74.5%	69.8%
税后债务资本成本	3.14%	3.43%	1.75%
权益资本成本	7.85%	7.82%	6.15%
加权资本成本（WACC）	6.6%	6.7%	4.8%

（4）企业 2015～2017 年经济增加值的计算：将数据代入公式计算出企业三年的经济增加值，如表 3-35 所示。

表 3-35 经济增加值计算表

单位：元

项目	2015	2016	2017
税后净营业利润（NOPAT）	1029444	928337.5	639303.4
－资本占用总额（CE）＊加权资本成本（WACC）	4638561.79＊6.6%	5426311.02＊6.7%	7021731.58＊4.8%
＝经济增加值（EVA）	723298.9	564774.7	302260.3

经济增加值为正数表明企业通过经营活动实现了资本增值，企业获得了高于投入资本的报酬，也就是说企业通过自身经营活动为股东创造了利润；反之，说明股东的财富被消耗。从上表可以看到，2015～2017 年，企业经济增加值尽管都是正数，但是一直在下降，说明企业为股东创造的财富在减少，企业经营存在一定问题。究其原因是企业近年为了适应市场变化，进行了设备改良更新，加大了固定资产投入，在建工程等项目占用资金较多。观察经济增加值的影响因素发现，这三年各项获利指标都在下降，这很大程度上受经济形势及市场变化的影响，即网络销售对于企业实地销售产生了冲击，而企业没有很好地认识到网络销售的影响，这也是净利润降低的主要原因。同时，由于市场不景气，企业的应收账款回收变慢，资金占用增加。

三、对策建议

（一）扩大收入，改善收入结构

利润来自收入弥补成本费用后的差额，因此企业总是想方设法增加收入。但是从经济增加值的角度而言，企业的有限资源应该用于最能创造价值的业务和服务。因此，第一，企业要对各项业务进行梳理和甄别，发现增值业务并大力发展，摒弃非增值业务；第二，进行客户管理，通过客户追踪，发现优质客户并通过产品的改革升级不断满足客户需要；第三，注重网络营销等新型的销售方式，积极开拓全渠道营销，线上线下配合，扩大销售收入；第四，根据市场情况进行科学预测，通过客户记录跟踪并进行调研，发现客户需求变化，并进行及时的产品研发，提高产品的市场需求度和认可度。

（二）提高资金利用效率

经济增加值的一个影响因素就是资金成本占用额，这个因素其实启示企业要合理利用资源，降低资金占用率，减少资产闲置，提高资产利用效率，进而提升企业的经营效益。企业可以在采购、生产、销售等各个环节提升资金使用效率；通过客户甄别、追踪等方式加快应收账款回收，通过变卖闲置资产或亏损生产线、外包非核心业务等方式提高资产的利用效率；通过资产重组盘活不良资产。

（三）通过科学的成本管理和控制扩大利润空间

利润等于收入减去成本费用，因此企业要想提升利润，不能仅通过扩大收入，因为企业所处的食品行业竞争激烈，要在外部市场上通过促销等方式扩大收入十分不易。而对于企业而言，如果能通过科学的成本管理和控制实现成本的降低，也同样能为企业扩大利润空间。具体做法是：第一，推进全面成本管理、全员参与和全过程成本核算；第二，进一步细化成本责任主体，建立成本管理负责制，鼓励全员参与成本节约，挖掘成本节约途径。另外，通过对企业的采购分析发现，企业材料采购费用偏高是企业成本超支的主要原因，针对此情况，企业应考虑采购的方式和渠道，通过采购形式的优化和运输形式的改变，缩短材料从采购到入库的时间，进而降低企业采购资金的占用率。

（四）加强存货管理

通过账面数据结合企业存货盘点，发现企业存在库存过大、货物滞销的情况。因此企业应加大市场预测，以销定产，在采购、生产、销售环节减少存货的积压。具体来说，在采购环节，按需采购，根据对市场需求的预期和企业生产情况做好材料使用量的预测，使用信息技术建立和完善企业的内部物流网络进行适时采购，减少材料存储的时间和数量，减少材料的采购和存储资金占用。在生产环节，有效组织生产，各期均衡生产避免大幅波动，减少存货积压。在销售环节，制订合理的销售计划，通过多渠道、多方式进行销售，并通过企业内部信息系统对产、供、销各个环节进行实时监控，保证生产的有序开展。

第五节 平衡计分卡在中型茶叶企业的应用

一、企业介绍及现状分析

某茶叶企业是位于知名茶叶产地的茶叶生产加工和销售企业，由于地域优势同时企业本身的经营时间比较长，企业在行业中具有比较好的声誉，在行业中处于较为领先的地位。随着经济的发展，人们生活水平提高，健康饮食越来越受推崇，茶叶毫无疑问是公认的健康饮品。近年来，茶叶的销量不断增加，企业发展态势良好，希望进一步做大做强，成为行业的领导者，但是目前传统的绩效评价难以很好地支持企业未来的战略发展，很多时候绩效评价不够具体可行，评价流于形式，具体表现在以下几个方面。

（一）企业绩效评价不够客观合理

企业目前的绩效评价没有明确各部门各岗位的评价标准，存在部分员工懈怠、消极考核的问题。绩效评价缺乏客观公正影响了部分员工的工作积极性，并导致了一定程度上的人才流失。茶叶企业存在销售淡旺季，在旺季，企业往往需要临时招聘工人，而淡季又会出现人浮于事的情况，严重影响了企业的人力资源成本，进而影响了企业效益。

（二）绩效评价指标单一

目前的评价指标多是单一的财务指标，因为财务数据是对已发生事项的记录和反映，无法为企业未来的经营改善提供建议。原有的绩效评价局限于过去事项，对未来的发展不能进行很好的预测，从而使得企业很多的行为短期化，不利于企业长期战略目标的实现。企业需要有更科学合理的指标，既能反映企业的经营绩效，又能揭示对企业经营绩效产生直接影响的驱动因素。

（三）绩效评价局限于企业内部，缺少外部评价

企业绩效评价指标大多反映企业内部经营情况，对于股东、客户等外部因素对绩效评价的影响考虑得比较少，从而使得评价不够科学。企业管理层开始认识到科学有效的绩效评价方法既能对企业的经营情况进行有效评价，对员工实施科学的考核，又能通过绩效评价对员工进行行为引导，让员工通过对考核标准的认识，清楚企业的战略目标，将个人的发展融入企业整体发展，从而有利于企业长远发展。

为了对企业经营管理进行科学有效的考核和评价，企业利用平衡计分卡，结合企业战略目标，对企业进行绩效考核和评价。

二、平衡计分卡在企业的应用分析

（一）确定企业的战略方向

企业首先需要明确未来的发展方向，确定企业的主要任务，确定目标客户群，深

入分析目标客户的潜在需要，找到企业未来的发展机会，确定企业长期的战略方向。该企业管理高层基于国家总体经济形势，以及茶叶产业未来的发展前景进行了分析预测，认为茶叶产业属于利国利民的健康绿色产业，随着经济的发展和健康消费观念的深入人心，茶叶的消费将稳步增加，因此企业未来发展前景光明。同时，近五年的数据显示企业获利能力逐年提升，市场份额增加，目前企业处于行业前列，与行业领先企业的差距在逐年缩小，因此企业高层认为，企业未来的发展目标是成为行业的领导者。

（二）制定战略目标

在企业确定未来战略方向的基础上，根据企业的具体情况，分析企业的优势、劣势、机会和潜在的威胁，制定合适的战略目标，如图 3－8 所示。

优势	劣势
1. 地处知名茶叶产地 2. 品牌具有一定的市场认可度 3. 企业具有优良的生产和销售团队	1. 企业成本控制不佳 2. 内部信息系统建设尚处于起步阶段 3. 企业绩效管理比较混乱，相关制度难以很好实施

威胁	机会
1. 竞争激烈 2. 市场分化加剧，产品升级要求强烈 3. 互联网业务变化大，数据分析计算面临挑战	1. 人们对于健康消费的认可 2. 所处的茶叶产地因为经济发展，城市地位不断提升 3. 在大数据时代，信息技术的发展使得精确的成本分析成为可能

图 3－8　企业的优劣势分析

（三）选取评价指标

根据平衡计分卡所确定的基本框架，将具体战略目标落实到平衡计分卡的各个方面后，需要根据具体战略目标确定实现战略目标的关键因素，然后根据关键因素确定关键业绩指标，从而确定业绩评价指标。

1. 指标选择原则。一是关键性原则，影响茶叶绩效评价的因素很多，可以从多方面加以反映。但是在指标选择上，需要基于企业的战略目标，通过对企业战略目标、关键成果领域的绩效特征分析，识别和提炼最能有效驱动企业价值创造、对企业绩效产生关键影响力的指标。二是适用性原则，选择的指标要适合茶叶企业，并且数据容易获得，方便计算分析；尽量选择可量化的指标。三是可比性原则，指标要有行业的适用性，方便企业进行横向比较，了解企业所处的行业地位，同时也要能进行纵向对比分析，揭示企业的发展态势。四是指标精简原则，评价指标数量不宜过多，层次不宜过多，因为层次多、指标多难免会引起指标之间的重复和矛盾，从而导致评价工作量大、评价结果不客观。

2. 指标选择方法。指标选择的方法有文献查找、专家咨询和同业调查相结合。通过文献资料查找了解相关评价指标，并通过专家咨询，利用专家的经验判断进行筛选，同时结合行业其他企业的情况最终选定指标。

3. 指标选择说明。在财务层面，主要注重股东财富的增加和企业价值的提升。需要关注两个方面：一是扩大销售，增加收入。主要通过多样化销售模式，尝试网上销售、微信销售等新兴网络模式。茶叶销售具有明显的淡旺季，因此该企业在淡旺季采用不同的销售策略：在旺季通过增加广告宣传、多样化销售等形式提高销量，主要注重茶叶销售；淡季销售价格下降，因此企业准备在淡季增加茶叶精加工产品的销售，关注茶叶的深加工，实现茶叶产品的升级，同时尝试茶叶相关产品和茶叶周边产品的生产和销售，逐步实现多样化经营，提高淡季的销售收入。二是致力于成本改革，加强成本的管理和控制。外部市场竞争激烈，而内部成本控制也不失为提升企业利润空间的路径。因此，该企业通过改善成本管理实现成本的节约；进行人员裁减，引入先进的信息系统，提高工作效率；由于销售存在淡旺季，企业的一部分资产会在淡季闲置，企业应该出售多余资产，而在旺季通过租赁等形式获取资产，从而提高资产的利用率，减少资金占用，提高资金使用效率。

在客户层面，引入先进的客户管理系统，对于已有客户进行全面详细的跟踪记录，建立客户档案，定时随访，及时反馈客户的需求变化、客户偏好；针对不同客户提供不同的营销策略，并通过市场分析、数据采集、数据加工分析、挖掘潜在客户，通过网站等媒体进行定向推送；特别关注网络等新型营销手段的应用。

在内部业务流程方面，优化业务流程。制定和完善相关的管理制度，通过制度使得相应的管理措施具体化、可行化和可控化；使业务深入人心，并确保每一业务都有相应的责任主体，权责分明；流程通过表单的形式进行操作，使得每一步都有据可依，能做到及时反馈、科学控制。

在学习和成长方面，充分认知到人是企业的宝贵资源；提升员工素质，注重员工培训，加强企业文化的塑造；结合大数据时代的特点，关注企业内部创新意识的提升，鼓励员工创新思维、创意想法。

4. 指标权重的确定。在评价中，指标权重直接影响着最终的评价结果，指标权重也和企业的战略规划以及战略目标密切相关。一般情况下，关系企业战略发展的核心指标往往需要比较高的权重，权重的高低对于企业的经营有一定的导向性，因此权重的确定既影响绩效评价的结果，又影响企业未来的发展。一般采用层次分析法、因子分析法等确定权重。

通过层次分析法借助 Expert Choice 软件确定权重。由于不同指标在评价中的重要性不同，各个指标在总评价中所占的比重也各不相同。因此，先构建各层次的所有判断矩阵。判断矩阵标度定义如表 3 - 36 所示。

表 3-36 判断矩阵标度定义

标度	含义
1	表示两个因素相比，有相同重要性
3	表示两个因素相比，一个因素比另一个因素稍微重要
5	表示两个因素相比，一个因素比另一个因素明显重要
7	表示两个因素相比，一个因素比另一个因素强烈重要
9	表示两个因素相比，一个因素比另一个因素极端重要
2、4、6、8	上述两相邻判断的中值
倒数	因素 i 与 j 比较的判断 a_{ij}，则因素 j 与 i 比较的判断 $a_{ij}=1/a_{ij}$

通过专家调查获得因子间重要性比较定值；通过 $B=\sum_{i=1}^{k}n_ia_i/(m-1)$ 进行转换，得到最终标度值；通过 $T=Q+(P-Q)\times(B-R)$ 转换为最终专家标定值；由 $A_{kj}=1/A_{kj}$ 得到各因子重要性的标定值矩阵；通过 $T_j=n\prod_{k=1}^{n}A_{jk}\times K$ $(j=1,2,\cdots,n)$ 计算矩阵各行方根，通过 $Q_i=T_j/\sum_{j=1}^{n}T_j$ $(j=1,2,\cdots,n)$ 求得各因子权重；进行一致性检验，Expert Choice 以 IR 表示不一致比例，其决断值以不超过 0.1 为佳；由于各指标物理意义不同，不具有统一量纲，无法进行评定，因此通过 $P_i=10\times D_i/\sum_{j=1}^{n}D_i$ 进行无量纲化处理；用加权求和多指标综合评价模型 $E=\sum_{i=1}^{k}Q_iP_i$ 求得综合评价值。最终得到企业绩效评价体系表，如表 3-37 所示。

表 3-37 企业绩效评价体系表

一级指标	二级指标	三级指标	综合评价值
财务 40	收入 40	旺季销售利润率 40	6.4
		淡季销售利润率 30	4.8
		平均应收账款周转率 30	4.8
	成本 30	销售成本率 100	12
	资产 30	旺季总资产净利率 40	4.8
		淡季总资产净利率 30	3.6
		平均固定资产周转率 30	3.6

续表

一级指标	二级指标	三级指标	综合评价值
客户 15	原有客户 50	原有客户年销售额 30	2.25
		原有客户档案完整性 20	1.5
		原有客户随访记录、分析 10	0.75
		原有客户满意度 40	3
	新增客户 30	新增年度销售额 30	1.35
		新增客户档案完整性 20	0.9
		新增客户随访记录、分析 10	0.45
		新增客户满意度 40	1.8
	潜在客户 20	潜在客户开发、资料推送数量	3
内部流程 25	经营流程 60	采购时长 20	4
		成本节约率 40	4
		销售收入费用比 20	2
	管理流程 40	管理制度优化 25	3.75
		管理流程优化 25	3.75
		收入管理费用比 50	7.5
学习与成长 20	创新 50	新产品研发 50	7
		服务创新 50	3
	员工 50	人均培训时长 50	5
		员工合理化建议量 50	5

(四) 绩效评价的执行和评估

在评价的时候，为了方便量化统计，采用打分制，各指标的评分标准如表 3 - 38 所示。

表 3 - 38　各指标评分标准

三级指标	评分标准	分值
旺季销售利润率	超过预算销售利润率 10%以上	90～100
	超过预算销售利润率 5%～10%	80～89
	超过预算销售利润率 5%以内	61～79
	达到预算销售利润率	60
	未达到预算销售利润率	0～59

续表

三级指标	评分标准	分值
淡季销售利润率	超过预算销售利润率5%以上	90～100
	超过预算销售利润率3%～5%	80～89
	超过预算销售利润率3%以内	61～79
	达到预算销售利润率	60
	未达到预算销售利润率	0～59
平均应收账款周转率	超过预算周转率10%以上	90～100
	超过预算周转率5%～10%	80～89
	超过预算周转率5%以内	61～79
	达到预算周转率	60
	未达到预算周转率	0～59
销售成本率	低于预算销售成本率8%以上	90～100
	低于预算销售成本率5%～8%	80～89
	低于预算销售成本率5%以内	61～79
	达到低于预算销售成本率	60
	未达到低于预算销售成本率	0～59
旺季总资产净利率	超过预算总资产净利率10%以上	90～100
	超过预算总资产净利率5%～10%	80～89
	超过预算总资产净利率5%以内	61～79
	达到预算总资产净利率	60
	未达到预算总资产净利率	0～59
淡季总资产净利率	超过预算总资产净利率5%以上	90～100
	超过预算总资产净利率3%～5%	80～89
	超过预算总资产净利率3%以内	61～79
	达到预算总资产净利率	60
	未达到预算总资产净利率	0～59
平均固定资产周转率	超过预算周转率10%以上	90～100
	超过预算周转率5%～10%	80～89
	超过预算周转率5%以内	61～79
	达到预算周转率	60
	未达到预算周转率	0～59

续表

三级指标	评分标准	分值
客户年销售额	超过预算销售额 15%以上	90～100
	超过预算销售额 10%～15%	80～89
	超过预算销售额 10%以内	61～79
	达到预算销售额	60
	未达到预算销售额	0～59
客户档案完整性	档案完整度 90%以上	90～100
	档案完整度 80%～90%	80～89
	档案完整度 70%以下	0～79
客户随访记录、分析	客服随访记录、分析数量超过预算标准 10%	90～100
	客服随访记录、分析数量超过预算标准 5%～10%	80～89
	客服随访记录、分析数量超过预算标准 5%以内	61～79
	客服随访记录、分析数量达到预算标准	60
	客服随访记录、分析数量未达到预算标准	0～59
客户满意度	满意度达到 90%以上	90～100
	满意度达到 80%～90%	80～89
	满意度达到 70%～80%	61～79
客户开发、资料推送数量	超过预算数量 10%以上	90～100
	超过预算数量 5%～10%	80～89
	超过预算数量 5%以内	61～79
	达到预算数量	60
	未达到预算数量	0～59
采购时长	低于预算标准时长 10%以上	90～100
	低于预算标准时长 5%～10%	80～89
	低于预算标准时长 5%以内	61～79
	达到预算标准	60
	未达到预算标准	0～59

续表

三级指标	评分标准	分值
成本节约率	低于预算成本节约率8%以上	90～100
	低于预算成本节约率5%～8%	80～89
	低于预算成本节约率5%以内	61～79
	达到预算成本节约率	60
	未达到预算成本节约率	0～59
销售收入费用比	低于预算成本节约率10%以上	90～100
	低于预算成本节约率5%～10%	80～89
	低于预算成本节约率5%以内	61～79
	达到预算成本节约率	60
	未达到预算成本节约率	0～59
管理制度优化	有新制度制定	100
	无新制度制定	50
管理流程优化	有流程优化	100
	无流程优化	50
收入管理费用比	低于预算成本节约率10%以上	90～100
	低于预算成本节约率5%～10%	80～89
	低于预算成本节约率5%以内	61～79
	达到预算成本节约率	60
	未达到预算成本节约率	0～59
新产品研发	新产品研发2件以上	90～100
	新产品研发1～2件	80～89
	无新产品研发	50
创新举措	有服务创新2项以上	90～100
	有服务创新1～2项	80～89
	无服务创新	50
人均培训时长	培训时长超过预算标准10%以上	90～100
	培训时长超过预算标准10%以内	61～89
	培训时长达到预算标准	60
	培训时长未达到预算标准	0～59

续表

三级指标	评分标准	分值
员工合理化建议量	超过预算数量10%以上	90～100
	超过预算数量10%以内	61～89
	达到预算数量	60
	未达到预算数量	0～59

表3-39 企业五年绩效（三级指标）评价表

三级指标	2019	2018	2017	2016	2015
旺季销售利润率	91	89	86	79	60
淡季销售利润率	83	80	74	71	68
平均应收账款周转率	92	86	82	73	62
销售成本率	84	83	75	64	54
旺季总资产净利率	83	80	72	60	60
淡季总资产净利率	79	73	74	62	60
平均固定资产周转率	81	78	77	76	67
原有客户年销售额	84	84	78	78	67
原有客户档案完整性	93	90	85	83	76
原有客户随访记录、分析	94	89	79	71	60
原有客户满意度	92	86	80	77	70
新增年度销售额	94	87	80	75	56
新增客户档案完整性	87	80	79	75	63
新增客户随访记录、分析	75	75	70	68	60
新增客户满意度	78	74	68	67	55
潜在客户开发、资料推送数量	100	100	100	50	50
采购时长	100	100	50	50	50
成本节约率	84	80	77	70	65
销售收入费用比	85	80	80	50	50
管理制度优化	85	80	80	50	50
管理流程优化	92	83	80	73	55
收入管理费用比	94	90	83	70	53
新产品研发	90	85	80	70	60
创新举措	90	85	80	70	60
人均培训时长	95	90	85	75	60
员工合理化建议量	95	90	90	80	70

表 3-40 企业五年绩效（二级指标）评价表

二级指标	2019	2018	2017	2016	2015
收入	14.22	13.67	12.99	11.97	10.08
成本	10.08	9.6	9	7.68	6.48
资产	6.828	6.31	6.12	5.11	5.04
原有客户	5.27	4.97	4.52	4.2	3.66
新增客户	3.79	3.82	3.67	2.73	2.48
潜在客户	3	3	3	1.5	1.5
经营流程	10.59	9.6	9.42	7.2	6.9
管理流程	9.125	8.83	8.23	7.08	5.35
创新	9	8.75	8.25	7.25	6
员工	9.5	9	8.75	7.75	6.5

表 3-41 企业五年绩效（一级指标）评价表

一级指标	2019	2018	2017	2016	2015
财务	31.13	29.58	28.11	24.76	21.6
客户	12.06	11.79	11.19	8.43	7.64
内部流程	19.71	18.43	17.65	14.28	12.25
学习和成长	18.5	17.75	17	15	12.5
合计	81.4	77.55	73.95	62.47	53.99

从表 3-39、表 3-40 和表 3-41 中五年的数据可以看到，企业的经营绩效呈逐年好转的趋势。在财务层面，五年来一直呈持续上升的态势，企业在增加收入、控制成本、提高资产利用效率等方面都取得了很大进步，同时通过平衡计分卡的评价，企业也充分意识到各个环节成本控制的重要性，全员参与很好地实现了财务层面的管控。客户层面一直没有受到企业重视，因此在 2015 年和 2016 年，企业在这个方面的评分比较低，这也和企业当时没有建立内部信息系统对客户档案进行有效的数据化管理有关。从 2017 年起，企业开始大力建设客户档案数据系统，对各类客户进行分层区别化管理，更加科学地进行了客户的追踪、回访，并对新增客户进行定期的电话、网络随访，从而更加了解了客户需求，加强了和客户的联系，也很好地维护了客户关系，同时对潜在客户进行针对性广告投放，因而近三年客户层面评分增加。在内部流程方面，近五年对于管理流程、制度进行了不同程度的改革和创新，使得内部流程更加优化，企业经营管理更加顺畅。在学习和创新层面，总体而言，企业日益认识到企业文化、员工和创新学习意识对于企业经营的重要性，近三年较 2015 年和 2016 年，员工培训

时长和新产品研发明显增加，同时企业倡导员工多提意见，在企业内形成了宽松、活泼的企业文化氛围。企业内部信息流通顺畅，员工建言献策增加，其中不少被公司采纳，为公司发展做出了贡献，同时公司还对建议被采纳的员工进行嘉奖，企业内部目前形成了良好的氛围。

（五）执行结果的反馈和调整

企业的绩效评价体系让所有员工知悉，并严格按照评价体系进行考核和控制，在整个企业形成共识。将员工的收入、晋升、继续培训等都与部门和员工评价结果挂钩，对于考核优秀的员工进行奖励，不能完成考核的员工进行惩罚。通过绩效评价客观、全面地反映员工的能力和工作成果，提高员工的工作热情，提升员工对企业的归属感和对企业文化的认同度，从而极大激发员工的创新创造意识，提高部门的工作效率和活力，促进部门协调发展，最终推动企业整体绩效水平提高。

根据业绩评价的整体结果，分析战略执行过程中可能存在的问题，并根据新的经营情况和信息，对原有的战略规划进行修正，从而将整个业绩评价体系转化成一个良性的互动循环系统。

三、对策建议

在大数据时代，企业面对海量数据，可以通过对数据的收集、梳理和分析，挖掘数据背后的信息，让数据为企业发展服务。通过平衡记分卡的应用，茶叶企业不仅能进行正确的战略决策，进而制定战略目标，并将目标通过相应的指标加以量化衡量，将财务指标和非财务指标相结合，既关注企业短期经营目标，也关注企业长期发展战略，同时将评价的视角不仅仅局限于企业内部，还引入外部的评价，通过对过去事项的反映、评价对未来进行预测，保证员工和部门通力协助，不断推进企业实现战略目标。

第四章

管理会计工具整合应用

第一节　管理会计工具整合的必要性分析

一、加强企业管理的要求

企业要想在市场竞争中获胜，不仅要提高产品和服务的质量，更要加强管理。企业只有提高管理水平，提升企业效益，坚持可持续发展，转变原有的粗放的管理模式，进行精细化管理，才能不断提高竞争力。而管理会计工具整合能推进精细化管理，实现财务共享，为企业的科学管理提供支持。

企业从建立开始就以利润最大化为目标，但是在具体的企业实践中，人们越来越认识到企业对于利润的追求往往会诱发一些短期行为，最终使企业的长远利益受损。近几年，随着企业对于成本管理的重视，管理会计工具的应用越来越多，如变动成本法、平衡计分卡等在企业应用的案例很多。但是一般企业都是单一地应用一种工具，而管理会计各项工具之间是互补的，如果能科学有效地对其进行整合，将会发挥更大的作用。

二、管理会计工具整合有利于工具的使用

随着管理会计日益受到重视，越来越多的企业开始运用管理会计工具为企业管理活动服务。但是作业成本法、变动成本法等操作起来比较复杂，而且对于企业管理基础要求比较高，因此大多数企业还是单一地使用一种管理会计工具，即使如此也导致了不少问题。例如，由于间接费用分配不合理导致成本核算不准确，因此企业采用作业成本法；由于单纯以财务指标评价经营业绩不利于企业长远规划，影响长期价值，企业运用平衡计分卡进行绩效评价；希望能对企业未来的经营活动进行有效预测，使企业引入全面预算。但是，企业在使用这些工具时，经常过度依赖其中一种或者同时

使用多种工具导致管理混乱、效率低下。甚至有些企业在选择管理会计工具时完全不考虑企业自身的情况和管理基础，严重影响了管理会计工具的使用效果，因此需要有科学合理的整合方案供企业参考。

第二节　管理会计工具整合的可行性分析

一、管理会计工具与企业管理的融合性

越来越多的企业认识到企业管理的目标不仅是利润最大化，还应该包括价值最大化，而管理会计工具的使用有助于实现这一目标。

平衡计分卡能将企业的短期经营目标和长期规划相结合，通过财务指标和非财务指标反映企业过去的经营业绩，同时又能为企业改善财务状况提供决策支持；既关注短期的经营目标和绩效指标，也关注长期的战略目标与绩效指标，使企业的战略规划和年度计划得到有效的结合，保证企业的年度计划和企业的长远发展方向一致；将评价的视线范围由传统的只注重企业内部评价扩大到企业外部，包括股东、顾客；关注公司内外的相关利益方，能有效地实现外部（如客户和股东）与内部（如流程和员工）衡量之间的平衡。

经济增加值能很好地反映企业经营业绩，有利于企业管理目标的实现。目前，利用经济增加值对企业进行评价是许多大企业的选择。经济增加值评价将原来对于利润指标的关注转到了对股东财富、企业价值的关注上，通过对资本占用和资金成本的比较，更加准确地判断企业经营活动为股东和企业创造的价值大小。

全面预算管理对企业采购、生产、销售的各个环节进行科学的预测，并以数据进行反映，同时在实际执行中又能有效监控企业的管理活动，为企业管理目标的实现提供了有效的保证。

现在大多数企业面临的都是激烈的市场竞争，因此很多成功企业都在转变原来的收入视角，更注重成本管理，以通过成本管理扩大利润空间。而作业成本法通过划分作业中心，对间接费用进行了准确的分配，使得成本核算更加精准；变动成本法从成本性态角度对成本按照产量进行分解，因此利润核算只与销量相关，而与产量无关，很大程度上避免了盲目生产和利润操纵。

二、管理会计工具之间具有一致性

（一）都体现了全员管理的理念

平衡计分卡从财务、顾客、内部业务流程、学习和成长四个方面进行业绩计量与考核。利用平衡计分卡进行企业评价不仅关注财务层面的经营结果，还关注非财务层面的信息，同时将外部评价引入企业综合评价，基于企业长期的战略目标为企业的未来经营决策提供支持。这就需要企业各部门人员通力合作。全面预算管理强调全过程、全部门管理。对于企业在计划期的所有经营活动通过预算表的形式进行数字化的展现，

然后可以在企业的实际经营中对实际数据与预算数据进行比较，从而对企业的经营活动进行实时追踪和考核，同时也使得企业的各个部门和员工都成了预算的责任主体，需要对预算负责。经济增加值强调对股东财富和企业价值的评价。因此，在制定评价指标的时候，往往从企业高层往下传递，各个部门根据企业的战略规划和目标制定部门的经济增加值目标。作业成本法对企业经营流程进行科学梳理，建立作业中心，而作业中心对应企业各个部门，因此作业成本法需要企业全员参与。

从以上分析可以看出，管理会计工具之间具有一致性，即都体现了全员管理的理念。

（二）都是全程管理

管理会计工具都强调全程管理。例如，平衡计分卡是通过建立一套包含内外部、长短期的评价体系，从财务和非财务角度全程全面评价企业的经营状况。全面预算通过业务预算、专门决策预算和财务预算对企业经营的全过程进行预测和规划，同时又通过预算编制、预算执行、实际和预算进行比较分析、实时监控和调整、预算考核等方式保证企业经营的高效、健康。

三、管理会计工具之间具有互补性

（一）经济增加值与平衡计分卡的互补

同样作为业绩评价工具，经济增加值和平衡计分卡的侧重点有所差异，但是又存在互补性。经济增加值注重对企业资金使用效益、资金增值性的评价，关注企业投入资金为企业带来的财富增值的情况，克服会计利润指标容易被人为操作的缺陷。但是经济增加值不像平衡计分卡那样能对企业的创新能力、学习成长能力进行评价。平衡计分卡引入了非财务指标和显示企业学习成长能力的指标，而这在网络经济、信息经济时代对于企业的评价是有重要意义的。

（二）作业成本法与平衡计分卡互补

作业成本法在企业经营过程中探究各种作业动因并以此进行作业划分和确定，计算作业成本进而计算产品成本。其为平衡计分卡的评价提供了数据支持。而平衡计分卡为作业成本管理提供了战略指导，而且平衡计分卡基于战略目标的考核评价能有效促进作业成本法的实施。

（三）全面预算管理与平衡计分卡的互补

全面预算管理本质是通过对企业全过程的预测和规划实现对企业资源的有效整合与合理配置，但是全面预算主要是对财务资源的配置，对于非财务资源的规划还是比较少，因此对于企业所有资源的配置难以做到科学合理。而且很多时候预算需要根据以往年度的数据资料来进行，同时预算难以及时根据市场、环境等的变化做出调整，因此在具体实施中容易偏离战略目标。而平衡计分卡能在评价中发现问题，并指导企业及时进行预算调整，从而引导企业健康发展，有效弥补了全面预算管理的不足。

(四) 作业成本法与经济增加值互补

作业成本法通过更为精准的成本核算提高了成本数据对于决策的可用性。但是作为一种成本核算的方法，显然作业成本法难以准确地反映各种资金的使用成本，因此计算除了利润外难以反映企业的发展潜力。而经济增加值特别强调投入资本的使用成本，因此两者结合能有效互补，从而完整反映成本费用，为企业决策提供数据支持。

(五) 作业成本法与全面预算管理互补

作业成本法以作业消耗资源、产品消耗作业为路径进行成本核算，而这些成本数据为企业进行全面预算提供了数据保障，同时也提升了预算的准确度。而且通过作业成本法将难以分配的间接费用通过资源动因进行有效分配，能更好地实现费用和发生主体的配比，有利于成本管理和控制，并能对成本进行责任追踪，从而有利于全面预算下的考核和评价以及执行时的调整。

四、企业管理理念的转变为管理会计工具的整合提供了可行性

如今多数企业已经认识到企业管理对于企业发展的重要性，很多企业在激烈的市场竞争中也意识到需要将原来的收入视角转变成成本视角，通过成本管理实现企业的发展。目前，很多企业也积极运用先进的管理会计工具，这既为管理会计工具在越来越多企业的推广奠定了基础，也为管理会计工具的整合提供了案例数据。管理会计工具的整合一般是在一些管理基础好、发展稳定的企业实施。目前，越来越多的企业意识到内部管理的重要性，管理优势也是竞争优势，同时信息技术也为企业优化管理提供了全面支持。信息技术的飞速发展，使得企业内部信息系统不断完善，数据记录、分析等一些复杂的工作可以由机器替代，这为企业进行管理会计工具整合提供了技术上的支持。

第三节　管理会计工具整合框架的建立

管理会计工具整合其实就是对企业管理活动的整合，对企业的各种资金和资源的使用效率进行提升，优化管理，推动企业战略规划的实施。管理会计工具整合框架如图 4-1 所示。

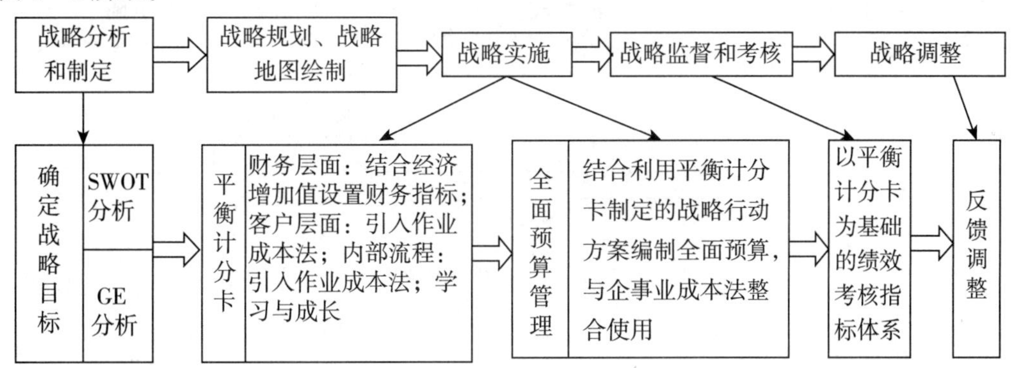

图 4-1　管理会计工具整合框架

一、战略分析和制定

通过分析企业目前所处的市场地位、企业状况，结合 SWOT 分析法和波特模型对企业的优劣势进行分析，确定企业的战略目标。

1. 细化企业愿景。企业的战略规划和企业的发展息息相关。因此，在制定企业的战略规划时，管理层要明确企业的使命、核心价值观和愿景。企业使命解释了企业存在的意义；企业核心价值观是员工普遍认同、指导企业运营和员工行为的根本原则；企业的愿景和企业的使命以及核心价值观相互影响，它既反映了企业未来的发展目标，也反映了企业未来希望呈现的企业形象。这三者一旦确定，往往伴随企业发展的全过程。可以通过平衡计分卡将企业的愿景加以细化，如表 4－1 所示。

表 4－1　企业愿景细化

企业愿景：到××年成为区域内行业领先的企业	
财务角度	从财务指标上衡量、考核和保障目标的实现
客户角度	提升客户服务质量
内部流程	科学化流程，保障目标实现
学习与成长角度	企业研发提升，人力资源培养

2. 战略分析和制定。企业的战略发展除了需要考虑企业自身的因素外，还需要综合考虑外部环境、市场、政策以及企业竞争对手等的情况。只有通过这些方面的综合分析，企业才能制定出适合自己发展的切实可行的战略。企业可通过 SWOT 分析法、波特模型等结合平衡计分卡，形成企业在财务、客户、内部流程和学习与成长四个层面的战略目标，如图 4－2 所示。

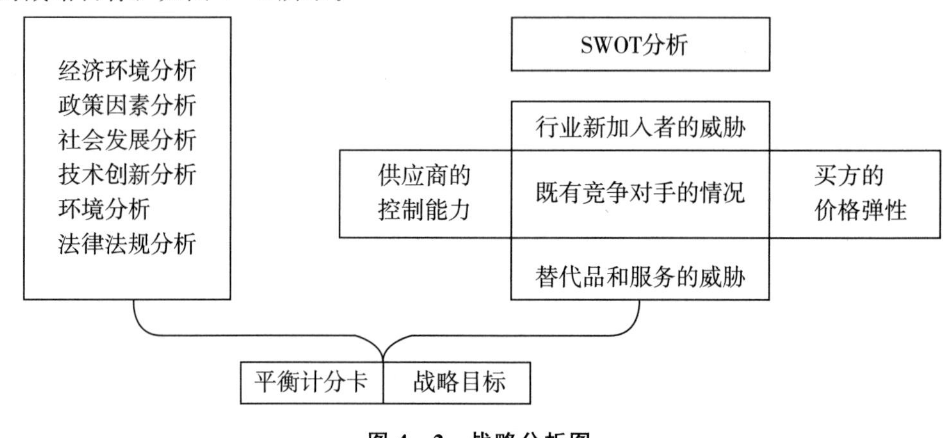

图 4－2　战略分析图

二、绘制战略地图

战略目标确定之后，就要确定实现战略目标的途径。可以运用罗伯特·卡普兰

(Robert S. Kaplan) 和戴维·诺顿 (David P. Norton) 提出的战略地图来帮助企业寻找实现战略目标的有效途径。战略地图提供了一个企业内部运行的因果关系链，能够体现出企业的战略驱动性，能够描述企业价值的创造过程。通过战略地图可以梳理企业为了实现战略目标，在财务、客户服务、内部流程和学习成长层面都需要做哪些改进，如图 4-3 所示。

通过战略地图确定四个层面的关键影响因素，同时对战略目标进行详细的描述，形成战略规划，并将各个目标量化形成可以衡量的指标，最终形成以平衡计分卡为基础的绩效考核指标体系，如表 4-2 所示。

通过财务指标反映企业的经营状况和效益情况，并将经济增加值整合进平衡计分卡的财务指标中。因此这一层面的指标能反映企业的综合状况和发展潜力，并能监督和考核战略执行情况。通过客户层面的指标反映客户情况，并在留住老客户的同时，不断挖掘新客户，实现市场的推广。设置反映企业经营流程的内部流程指标，通过流程管理优化内部流程。通过学习成长指标反映企业的发展潜力和研发创新能力。

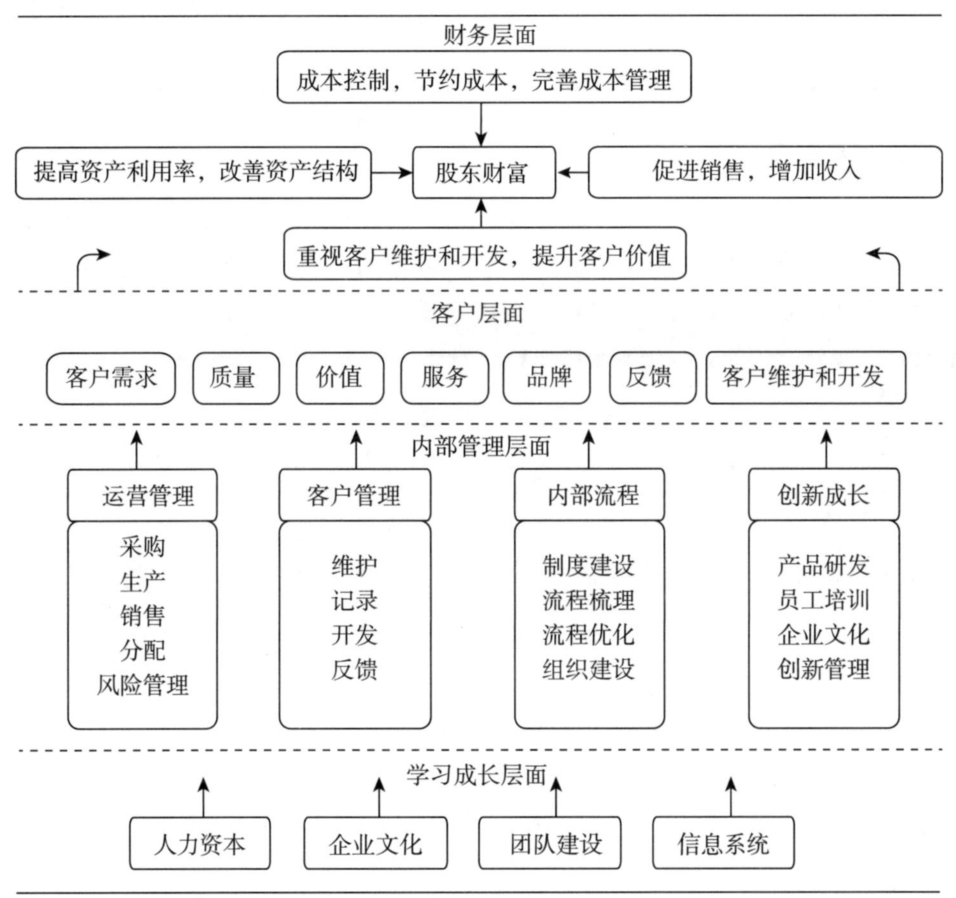

图 4-3 战略地图

表 4-2 战略指标体系

维度	战略目标	责任主体	战略指标	目标值	行动方案	责任人	权重
财务							
客户							
内部流程							
学习与成长							

三、战略实施

战略实施是执行企业战略规划的阶段。将平衡计分卡与全面预算结合，通过全面预算来有效、合理地分配资源，争取实现资源利用的最大化；在成本核算和管理中应用作业成本法，对作业进行价值判断，摒弃非增值作业，大力发展增值作业；进行客户管理，激励研发创新。战略实施阶段的战略作业预算表如表 4-3 所示。

表 4-3 战略作业预算表

维度	战略目标	作业计划	责任主体	预算（元）
财务				
客户				
内部流程				
学习与成长				

四、战略监督和考核

结合战略目标，利用平衡计分卡进行实时监控，通过反馈信息进行考核。全面预算也能在考核评价中发挥作用，通过执行情况和预算数据的比对分析进行实时监控。业绩考核表如表 4-4 所示。

表 4-4 业绩考核表

维度	战略目标	衡量指标	计量单位	目标值	权重	完成值	自我评价	初评	初评人	终评	终评人
财务											
客户											
内部流程											
学习与成长											
考评合计						自评		初评		终评	
被评单位总经理说明							被评单位总经理签字				
初评单位负责人评价							初评单位负责人签字				
终评单位战略绩效总监评价							终评单位战略绩效总监审核				
终评单位负责人评价							终评单位负责人审批				

五、战略调整

企业的战略目标和规划并不是固定不变的，随着企业发展环境和市场状况的变化，企业需要不断地调整战略目标。企业可结合经营情况和业绩考核结果，同时分析市场变化和未来趋势，对战略规划进行调整。

第四节　管理会计工具整合的内容分析

一、经济增加值改进平衡计分卡的财务指标

经济增加值关注企业的价值创造和股东财富的变化。但是经济增加值指标以量化的财务指标为主，非财务指标比较少。而平衡计分卡有一系列财务指标，但是对于企业资金的利用效率反映得比较少，因此两个方法可以互补，从而更加全面地反映企业的整体状况。

二、平衡计分卡和全面预算管理的结合使用

在平衡计分卡的评价指导下，全面预算既强调对于业务活动的规划，也关注财务、资金规划，这样全面预算不仅反映企业短期的经营情况，也对企业长期的经营进行有效预测，同时将一些非财务活动如研发、客户等也统一到预算体系内，这样预算从制定到执行、考核都不仅仅是财务部门的事情，而是需要企业各个部门甚至是每个员工参与其中。

三、作业成本法与平衡计分卡的相互补充

将作业成本法应用于企业经营管理，通过建立客户档案、客户跟踪记录，发现客户需求，进而改进生产和销售。将作业成本法与平衡计分卡的客户层面评价相结合，作业成本法的成本核算和考核将产品和服务与客户相关联，识别优质客户，对其进行随访保持其忠诚度，对于部分产品认可度低的客户，通过提升服务吸引客户，同时摒弃一些低价值创造的客户。在内部流程环节，通过作业中心的划分，核算作业成本，进而识别增值作业和非增值作业，优化流程管理。作业成本法提高了成本核算的精准度，同时也为平衡计分卡的一些非财务活动的评价提供了信息数据支持，因此作业成本法优化和完善了平衡计分卡的评价。

四、作业成本法与全面预算管理的整合

企业预算的形成往往需要经过多次反复修订调整。首先，企业管理层根据战略目标提出总体的战略规划，然后分解完成各部门的分目标，各部门再制订预算的初步方案，预算管理委员会对呈报的初步方案进行审核后予以制订企业总体的预算方案，企

业总体预算发放到各部门，各部门进行信息反馈，根据反馈意见最终形成企业全面预算，再由上而下至各部门、各层级执行。一般传统的企业预算都是按部门进行编制，而作业成本法将各个生产经营环节划分成了作业中心，因此预算的编制以作业中心为基础进行。同时作业成本法也为全面预算提供了成本数据，为预算的编制、执行和考核提供了数据支持。在作业成本法和全面预算相结合的情况下，相关成本责任主体是作业中心，因此在成本溯源追踪上也更为科学合理，更加有利于企业的管理和考核。

第五章

管理会计工具在机械企业的整合应用分析

第一节　管理会计工具整合框架的建立

通过管理会计工具的整合应用，充分发挥各个管理会计工具的特点，整合资源，优化资源配置，为企业的战略管理、经营管理服务。通过 SWOT 分析法、CPM 矩阵分析法、SPACE 分析法等方法梳理企业的优劣势，正确定位企业的发展方向，从战略角度制定企业的战略发展目标；让企业的战略目标落实到企业的各个层面，形成各个层面的战略规划，结合平衡计分卡，形成各个层面目标的量化反映指标；在战略实施和执行阶段，将平衡计分卡和全面预算相结合，优化各层级的战略资源配置，结合作业成本法，梳理内部流程，甄别增值流程和非增值流程，进行流程再造和客户群体有效分层，区分高价值客户群和低价值客户群，通过客户数据记录和追踪，科学管控客户成本，并有效地进行责任确定和追踪；结合战略目标和全面预算对战略的实施和执行进行全程跟踪和考核评价，同时进行全程的控制，根据内外部环境变化进行及时的调整，如图 5-1 所示。

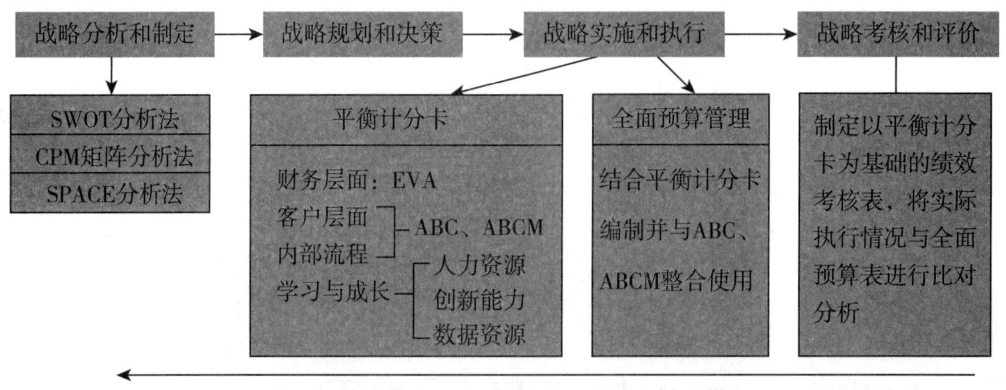

图 5-1　管理会计工具整合框架

第二节　管理会计工具在企业中的整合应用设计

一、企业介绍

荣光机械股份有限公司，其主要经营范围包括各种机械配件及零部件，工业自动控制系统装置制造、加工、销售，新能源技术研发，货物进出口，技术进出口等。企业目前股权结构合理，近期通过股东大会理顺了治理结构，企业内部管理层之间信息流动顺畅，管理信息系统也日趋成熟，管理层管理理念一致。同时业务成熟，现金流配比合适。企业经过多年的发展目前销售稳定，业务成熟，在资金管理、研发创新、营销服务等方面都具备了一定的实力，同时企业通过近几年的发展和积累形成了完善的成本管理基础和完备的成本数据记录，为管理会计工具在企业的整合应用提供了很好的支持。

二、企业管理会计工具整合应用的可行性

企业自 2008 年成立以来，注重成本数据记录、成本管理完善，成本数据资料健全。企业高层对于成本管理认可度高，早在 2014 年就已经开始用平衡计分卡对企业进行绩效评价，同时通过全面预算进行全过程成本管控，2018 年又完成了企业信息化建设。成熟的成本管理为管理会计工具的整合应用提供了有力支持。

第三节　管理会计工具在企业的整合应用分析

一、战略制定

首先，明确企业的使命、核心价值观和愿景。

企业的使命：技术创新，为客户提供最优质的产品。

企业的核心价值观：诚实守信，包容开放，创新成长。

企业的愿景：成为同行业中产品领先、技术领先、服务领先、创新领先的一流企业。

其次，根据企业近五年的经营情况、内部管理情况、外部市场环境以及未来发展的趋势进行 SWOT 分析，总结优势并寻找企业发展中存在的问题和面临的挑战，如表 5 - 1 所示。

表 5 - 1　企业 SWOT 分析

优势	劣势
生产设备和技术先进	受整体经济环境波动影响较大
业务范围广	客户关系不太稳定

续表

优势	劣势
较高品牌效应 成本控制能力强 稳定的财务状况	客户服务内容单调 互联网营销网络不健全 较低的新市场拓展能力
机会	威胁
市场需求稳定增长 政府政策 互联网经济	需求饱和，产能增长 行业价格战 互联网企业跨界竞争 可供选择的替代品增多

企业进行SWOT分析之后，结合企业内外部环境的优劣势，将公司战略从产品第一转向服务和客户第一。结合战略目标和战略规划，将企业的战略目标分解到平衡计分卡的四个层面，如表5-2所示。

表5-2 企业战略目标分解

平衡计分卡	战略目标
财务层面	提高收入 降低成本 提高资产利用率
客户层面	提高客户满意度 细化目标市场 提升品牌效应 扩大目标市场
内部流程层面	提升客户价值 加强供应链管理 提供高质量的产品和服务 与外部利益者建立有效的关系 企业内部信息系统的建设与维护 完善公司管理制度
学习和成长层面	提高研发能力 提升员工专业技能 完善企业文化

二、战略规划

通过战略分析明确了企业战略目标并将企业战略目标分解到平衡计分卡的四个层面之后，绘制企业的战略地图，对企业战略进行系统梳理和详细解释，如图5－2所示。

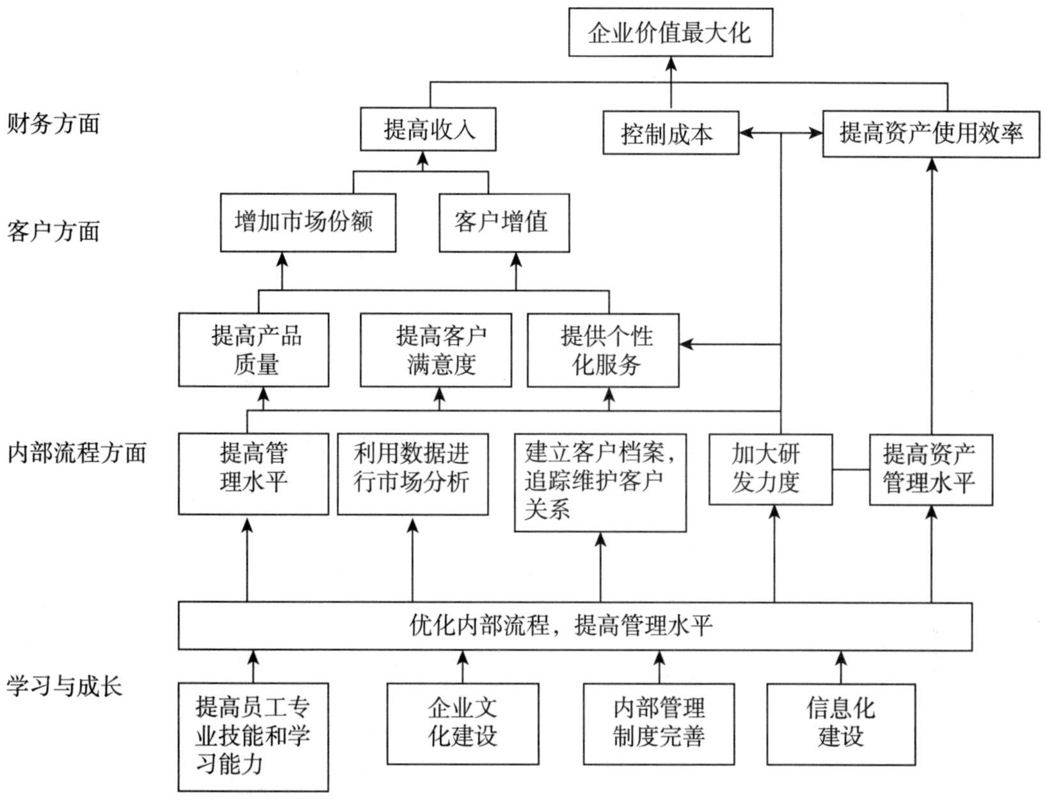

图 5－2　企业战略地图

通过战略地图的绘制明确了平衡计分卡四个层面的战略目标和关键驱动因素之间的因果关系后，结合企业具体业务活动和组织结构，把这些关键驱动因素细化为财务、客户、内部流程、学习与成长层面的衡量指标，制定平衡计分卡，如表 5－3～表 5－6 所示。

表 5－3　平衡计分卡财务层面评价表

维度	战略目标	责任主体	战略指标	目标值	行动方案	责任人	权重
财务层面	公司价值最大化	战略执行总监	经济增加值			战略执行总监	
	成本控制	各职能部门、成本管控中心	成本费用率		精细化管理、运营流程再造和优化	生产主管、营运总监	
	加快资金周转利用	生产部门、财务部门	资产周转率		加强资金管控、优化供应链管理	财务总监	
	增加主营业务收入	各职能部门	销售利润率		定价策略、全渠道营销	营运总监	

表 5-4　平衡计分卡客户层面评价表

<table>
<tr><th>维度</th><th>战略目标</th><th>责任主体</th><th>战略指标</th><th>目标值</th><th>行动方案</th><th>责任人</th><th>权重</th></tr>
<tr><td rowspan="6">客户层面</td><td rowspan="3">提高客户满意度</td><td rowspan="3">销售部门、生产部门、客户服务部门</td><td>客户年销售额</td><td></td><td>客户满意度调查、客户跟踪随访、客户需求调查</td><td>相关职能部门负责人</td><td></td></tr>
<tr><td>客户档案完整性</td><td></td><td>客户满意度调查、客户跟踪随访、客户需求调查</td><td>相关职能部门负责人</td><td></td></tr>
<tr><td>客户随访记录、分析</td><td></td><td>客户满意度调查、客户跟踪随访、客户需求调查</td><td>相关职能部门负责人</td><td></td></tr>
<tr><td>提升品牌效应</td><td>品牌管理和宣传部门</td><td>广告费用收入比</td><td></td><td>制订品牌宣传计划、开展品牌推广活动</td><td>相关职能部门负责人</td><td></td></tr>
<tr><td>细化目标市场</td><td>生产部门、销售部门、客户服务部门</td><td>产品市场占有率</td><td></td><td>目标市场细分、准确市场定位</td><td>相关职能部门负责人</td><td></td></tr>
<tr><td>扩大市场</td><td>销售部门、客户服务部门</td><td>新市场开拓情况</td><td></td><td>推广产品、拓宽营销渠道、线上线下营销</td><td>相关职能部门负责人</td><td></td></tr>
</table>

表 5-5　平衡计分卡内部流程层面评价表

<table>
<tr><th>维度</th><th>战略目标</th><th>责任主体</th><th>战略指标</th><th>目标值</th><th>行动方案</th><th>责任人</th><th>权重</th></tr>
<tr><td rowspan="7">内部流程层面</td><td>加强供应链管理</td><td>采购部门</td><td>采购时长</td><td></td><td>优化生产流程</td><td>职能部门负责人</td><td></td></tr>
<tr><td>产品质量管理</td><td>生产部门</td><td>产品合格率</td><td></td><td>推广精细化生产</td><td>职能部门负责人</td><td></td></tr>
<tr><td>与外部利益者建立有效的关系</td><td>管理部门</td><td>企业外部合作情况</td><td></td><td>加强企业合作</td><td>职能部门负责人</td><td></td></tr>
<tr><td>企业内部信息系统的建设与维护</td><td>信息管理部门</td><td>信息系统完善率</td><td></td><td>更新和升级信息系统</td><td>职能部门负责人</td><td></td></tr>
<tr><td rowspan="2">完善公司管理制度</td><td>管理部门</td><td>制度优化</td><td></td><td>制定和完善内部管理制度</td><td>职能部门负责人</td><td></td></tr>
<tr><td>管理部门</td><td>流程优化</td><td></td><td>制定和完善内部管理制度</td><td>职能部门负责人</td><td></td></tr>
<tr><td>履行社会责任</td><td>管理部门</td><td>公益支出</td><td></td><td>积极扩大社会影响，参与社会活动</td><td>职能部门负责人</td><td></td></tr>
</table>

表 5-6　平衡计分卡学习和成长层面评价表

维度	战略目标	责任主体	战略指标	目标值	行动方案	责任人	权重
学习和成长层面	人才引进	人力资源部门	员工招聘计划完成率		人才招揽计划	职能部门负责人	
	员工专业技能	人力资源部门	人均培训时长		培训计划	职能部门负责人	
	产品与技术创新	研发部门	新产品研发		产品研发计划、创新激励机制	职能部门负责人	
			服务创新		服务创新	职能部门负责人	
	完善企业文化	管理部门	员工合理化建议量		员工激励与沟通、工作会议、健全文化	职能部门负责人	

1. 平衡计分卡的设计。将作业成本法思想融入平衡计分卡，将成本发生和成本责任主体配比，从而使成本可以溯源追踪。

2. 在制订平衡计分卡的过程中需要注意以下事项。

（1）长短期目标要配比一致，短期目标是长期目标的分解和阶段性目标。

（2）通过发放专家问卷，采用层次分析法进行权重设定。

三、战略实施

战略实施阶段是企业具体的经营、管理运作阶段，在此阶段各项行为都应该围绕企业整体的战略目标展开。在平衡计分卡的视角下，企业通过一系列指标对战略目标和规划进行量化体现。在实施阶段则强调将作业成本法用于企业成本管理，并结合平衡计分卡的指标编制全面预算，设计作业预算表，如表 5-7 所示，科学合理地配置企业资源，同时也为考核追责提供依据。

表 5-7　作业预算表

一级指标	二级指标	预算标准	实际情况
财务层面	经济增加值		
	销售利润率		
	成本费用率		
	资产周转率		

续表

一级指标	二级指标	预算标准	实际情况
客户层面	客户年销售额		
	客户档案完整性		
	客户随访记录、分析		
	广告费用收入比		
	产品市场占有率		
	新市场开拓情况		
内部流程	采购时长		
	产品合格率		
	企业外部合作情况		
	信息系统完善率		
	制度优化		
	流程优化		
	公益支出金额		
学习与创新	员工招聘计划完成率		
	人均培训时长		
	新产品研发		
	服务创新		
	员工合理化建议量		

对平衡计分卡和作业成本法进行整合应用，首先利用作业成本法对企业相关流程进行作业划分，区分关键作业和非关键作业，确定必需作业和核心作业；然后结合全面预算进行资源的合理分配，这样能保证对核心作业资源的有效支持，将资源更多地往核心作业集中，同时通过全面预算制定计划执行的标准。在具体执行时，可以对实际的成本管理数据和预算数据进行比较，发现差距，寻找原因，为成本管理和考核提供依据。

通过层次分析法，借助 Expert Choice 软件确定权重。由于不同指标在评价中的重要性不同，各个指标在总评价中所占的比重也各不相同，如表 5-8 所示。

表 5-8 各指标权重

一级指标	权重	二级指标	权重
财务层面	40	经济增加值	12
		销售利润率	12
		成本费用率	8
		资产周转率	8

续表

一级指标	权重	二级指标	权重
客户层面	20	客户年销售额	5
		客户档案完整性	4
		客户随访记录、分析	2
		广告费用收入比	4
		产品市场占有率	3
		新市场开拓情况	2
内部流程	25	采购时长	3
		产品合格率	6
		企业外部合作情况	3
		信息系统完善率	6
		制度优化	3
		流程优化	3
		公益支出金额	1
学习与创新	15	员工招聘计划完成率	3
		人均培训时长	4
		新产品研发	3
		服务创新	3
		员工合理化建议量	2

四、战略评估

在评价的时候，为了方便量化统计，采用打分制，各指标的评分标准如表 5－9 所示。

表 5－9　各指标评分标准

二级指标	评分标准	分值
经济增加值	超过预算经济增加值 10％以上	90～100
	超过预算经济增加值 5％～10％	80～89
	超过预算经济增加值 5％以内	61～79
	达到预算经济增加值	60
	未达到预算经济增加值	0～59

续表

二级指标	评分标准	分值
销售利润率	超过预算销售利润率 10%以上	90～100
	超过预算销售利润率 5%～10%	80～89
	超过预算销售利润率 5%以内	61～79
	达到预算销售利润率	60
	未达到预算销售利润率	0～59
成本费用率	低于预算销售成本率 8%以上	90～100
	低于预算销售成本率 5%～8%	80～89
	低于预算销售成本率 5%以内	61～79
	达到低于预算销售成本率	60
	未达到低于预算销售成本率	0～59
资产周转率	超过预算周转率 10%以上	90～100
	超过预算周转率 5%～10%	80～89
	超过预算周转率 5%以内	61～79
	达到预算周转率	60
	未达到预算周转率	0～59
客户年销售额	超过预算销售额 15%以上	90～100
	超过预算销售额 10%～15%	80～89
	超过预算销售额 10%以内	61～79
	达到预算销售额	60
	未达到预算销售额	0～59
客户档案完整性	档案完整度 90%以上	90～100
	档案完整度 80%～90%	80～89
	档案完整度 70%以下	0～79
客户随访记录、分析	客服随访记录、分析数量超过预算标准 10%	90～100
	客服随访记录、分析数量超过预算标准 5%～10%	80～89
	客服随访记录、分析数量超过预算标准 5%以内	61～79
	客服随访记录、分析数量达到预算标准	60
	客服随访记录、分析数量未达到预算标准	0～59

续表

二级指标	评分标准	分值
广告费用收入比	低于预算成本节约率10%以上	90～100
	低于预算成本节约率5%～10%	80～89
	低于预算成本节约率5%以内	61～79
	达到预算成本节约率	60
	未达到预算成本节约率	0～59
产品市场占有率	超过预算产品市场占有率10%以上	90～100
	超过预算产品市场占有率5%～10%	80～89
	超过预算产品市场占有率5%以内	61～79
	达到预算产品市场占有率	60
	未达到预算产品市场占有率	0～59
新市场开拓情况	有新市场开拓	100
	无新市场开拓	50
采购时长	低于预算标准时长10%以上	90～100
	低于预算标准时长5%～10%	80～89
	低于预算标准时长5%以内	61～79
	达到预算标准	60
	未达到预算标准	0～59
产品合格率	合格率达到98%以上	95～100
	合格率达到95%～98%	90～94
	合格率达到95%以下	0～89
企业外部合作情况	达到预算要求	100
	未达到预算要求	50
信息系统完善率	完善率达到90%以上	95～100
	完善率达到80%～89%	90～94
	完善率达到80%以下	0～89
制度优化	有新制度制定	100
	无新制度制定	50
流程优化	有流程优化	100
	无流程优化	50

续表

二级指标	评分标准	分值
公益支出金额	超过预算额5%以上	90～100
	超过预算额5%以内	61～89
	达到预算额	60
	未达到预算额	50～59
员工招聘计划完成率	达到预算标准	100
	未达到预算标准	0
人均培训时长	培训时长超过预算标准10%以上	90～100
	培训时长超过预算标准10%以内	61～89
	培训时长达到预算标准	60
	培训时长未达到预算标准	0～59
新产品研发	新产品研发2件以上	90～100
	新产品研发1～2件以上	80～89
	无新产品研发	50
服务创新	有服务创新2项以上	90～100
	有服务创新1～2项	80～89
	无服务创新	50
员工合理化建议量	超过预算数量10%以上	90～100
	超过预算数量10%以内	61～89
	达到预算数量	60
	未达到预算数量	0～59

表5-10 二级指标三年分值

二级指标	2019		2018		2017	
	原分值	权重后分值	原分值	权重后分值	原分值	权重后分值
经济增加值	92	11.04	88	10.56	80	9.6
销售利润率	90	10.8	85	10.2	80	9.6
成本费用率	89	7.12	80	6.4	76	6.08
资产周转率	90	7.2	87	6.96	79	6.32
客户年销售额	91	4.55	85	4.25	80	4
客户档案完整性	95	3.8	85	3.4	80	3.2

续表

二级指标	2019		2018		2017	
	原分值	权重后分值	原分值	权重后分值	原分值	权重后分值
客户随访记录、分析	90	1.8	80	1.6	75	1.5
广告费用收入比	86	3.44	80	3.2	78	3.12
产品市场占有率	80	2.4	75	2.25	75	2.25
新市场开拓情况	100	2	50	1	50	1
采购时长	90	2.7	84	2.52	80	2.4
产品合格率	95	5.7	90	5.4	90	5.4
企业外部合作情况	100	3	50	1.5	50	1.5
信息系统完善率	95	5.7	90	5.4	85	5.1
制度优化	100	3	100	3	50	1.5
流程优化	100	3	100	3	50	1.5
公益支出金额	85	0.85	80	0.8	60	0.6
员工招聘计划完成率	100	3	100	3	50	1.5
人均培训时长	95	3.8	90	3.6	85	3.4
新产品研发	85	2.55	85	2.55	50	1.5
服务创新	95	2.85	90	2.7	90	2.7
员工合理化建议量	95	1.9	80	1.6	60	1.2

表 5-11 一级指标三年分值

一级指标	2019	2018	2017
财务层面	36.16	34.12	31.6
客户层面	17.99	15.7	15.07
内部流程	23.95	21.62	18
学习与创新	14.1	13.45	10.3
合计	92.2	84.89	74.97

由表5-10、表5-11可知，通过对平衡计分卡和全面预算等管理会计工具的综合应用，企业内部的经营管理得以改善。在财务方面，通过经济增加值计算分析结合作业成本法，进行了增值作业和非增值作业的甄别和筛选，对于一些非增值作业和流程进行了删减，提高了企业的运营效率。在客户层面，通过客户数据库的建立，对客户进行分层管理，将客户按销售额分成五级，制定不同的客户跟踪政策，同时致力于潜

在客户开发，积极拓展产品市场。在内部流程方面，完善各项制度，精简流程，理顺关系；倡导创新，在企业内部营造积极、宽松的企业氛围，加大员工培训力度，并鼓励员工建言献策，提高员工的工作积极性和热情。

五、战略考核评价及调整

在具体的经营管理过程中，通过将实际发生情况和数据与预算数据进行比对，及时发现问题并根据经济形势、市场环境进行调整。每月至少进行一次部门经营总结，每个季度至少进行一次集团战略实施情况总结，并予以各个部门公告。每年年末对本年度经营成果、预算完成情况进行考核评价，并根据内外部环境变化以及通过对未来发展情况的预测对下一年的战略实施计划进行调整并制定新的预算。

第四节　管理会计工具整合应用的对策建议

一、全员参与成本管控的实现

对于新的管理措施的引入和实施，显然自上而下的企业管理改革创新更为合适，因此对于管理会计工具在企业中的整合应用，一定要自上而下，高层足够重视。新的管理工具的应用必然会对原有的管理方式、流程方法产生冲击，甚至需要替换原来陈旧的管理方法，这会引起一些员工的反对，会对整合过程造成阻碍。但是全面预算、作业成本法要想在企业得到很好的应用，发挥积极作用，离不开全员的参与。首先，要调动员工的积极性，让员工认识到成本的管控关系和企业的效益关乎个人的利益，通过宣传、培训让员工认识新的管理工具的优势。其次，让员工树立起危机意识。在目前外部市场竞争十分激烈的情况下，企业一定要致力于内部的成本管理和改革，通过成本管控为企业赢得利润空间，而每个员工都应该是成本管控的主体。只有全员参与，才能更好地实现成本的管理和控制。

二、以作业成本法推动生产、经营流程优化

企业属于制造业企业，产品种类齐全，形成了较成熟的产品采购、生产和销售的操作流程，因此可以通过作业成本法对资源动因和成本动因进行科学分析，正确划分作业，通过对产品设计、生产工艺的改进并结合信息管理系统，优化生产、经营流程。

三、企业信息系统、数据库的建立和完善

在大数据时代，企业的信息系统和数据库亟待建立和完善。企业原有的信息系统仅包含财务数据和客户资料，需要进一步延伸到其他部门，涵盖企业所有的业务和管理。通过信息系统进行数据收集、传递和分析，为企业各层级的业务活动、管理活动提供数据支持。

四、加强企业内部管理

中小企业可从以下五个方面入手加强内部管理，从而促进管理会计工具的整合应用：①运用信息技术，有效提升企业管理人员运营决策的精准性和稳定性；②构建信息查询和共享体系；③注重战略管理，充分借助管理会计工具来提高自我竞争优势；④提高管理会计人员的综合素质，强调运用战略性思维对待企业财务问题，尽快培育财务团队转型机制，加大业务和财务融合培训力度，拓展管理会计工作范畴，构建高效的管理会计机制；⑤根据企业所处产业的不同，管理会计工具的应用要有所区别，要针对不同企业更加灵活地整合应用管理会计工具。

管理会计是目前会计改革的热点和方向，在信息时代，人工智能已能取代一部分的手工记账，因此未来会计的职能不能仅局限于反映和监督，要向预测、分析、决策转变，通过对经济业务反映的信息进行记录分析，实现对未来的预测，为企业决策提供支持。现在大多数企业都面临着激烈的竞争，特别是中小企业，更应尽快转变观念，从成本控制入手，通过提高成本控制能力，为企业拓宽利润空间，而管理会计恰是这样一条不一样的路径！

参考文献

[1] [美] 罗伯特·卡普兰，大卫·诺顿. 战略地图：化无形资产为有形成果 [M]. 广州：广东经济出版社，2005.

[2] 财政部会计司编写组. 管理会计案例示范集 [M]. 北京：经济科学出版社，2019.

[3] 曹菲. 企业绩效评价系统的国内外发展历程及未来趋势 [J]. 中国水运（理论版），2008 (10)：106-108.

[4] 成畅. 企业集团财务共享服务创新研究——基于海尔集团的管理实践 [J]. 会计之友，2019 (3)：90-94.

[5] 邓雪雅，肖斌，单昭祥. 完全成本法与变动成本法下产销量对税前利润影响的研究——基于不同存货计价方法思路 [J]. 中国乡镇企业会计，2015 (3)：43-45.

[6] 丁胜红，吴应宇. 基于人本经济发展观的管理会计理论体系与计量方法创新探讨 [J]. 会计研究，2019，375 (1)：53-58.

[7] 傅胜坤，卢静. 合并商誉减值会计处理 [J]. 财会通讯，2010 (25)：48-50.

[8] 宫翠娟. 企业预算编制环节的关键节点刍议 [J]. 会计师，2019 (3)：23-25.

[9] 韩沚清，韩瑞雪. 供给侧结构性改革与管理会计内在逻辑研究 [J]. 财会通讯，2020 (11)：164-167，178.

[10] 何秀余，朱其俊，余志虎. 变动成本计算法与完全成本计算法下营业净利润差额评析 [J]. 财会研究，2005 (5)：59.

[11] 侯乐. DRGs 预付费制度与医院的病种成本分析 [J]. 中国总会计师，2018 (9)：57-59.

[12] 姜琴. 浅谈变动成本法与完全成本法的结合应用 [J]. 科学咨询（决策管理），2009 (1)：67-68.

[13] 军吴. 财务转型与深化管理会计应用分析 [J]. 经济学，2020，3 (1)：24-25.

[14] 李纪建. 中小银行应加快实施管理会计步伐 [J]. 银行家，2019 (5)：103-105.

[15] 梁倩，郑爱华. 基于 FIFO 的变动成本法与完全成本法分期损益差异成因分析 [J]. 会计师，2018 (13)：35-36.

[16] 刘弘烈. 企业薪酬管理的现状及对策分析 [J]. 经贸实践，2017 (24)：23-24.

[17] 刘敏. 完全成本法和变动成本法下税前利润的差异分析 [J]. 河南商业高等专科学校学报，2011，24 (6)：61-63.

[18] 娄权，况成功. 从管理会计咨询服务市场看管理会计咨询职业化 [J]. 中国注册会计师，2019 (12)：99-102.

[19] 牛彦秀. 财务管理目标实务与理论背离的深层原因及其理性选择 [J]. 现代财经（天津财经大学学报），2010 (1)：53-58.

[20] 潘晓江. 资本管理会计：现代企业会计的理念创新 [J]. 会计研究，2020 (1)：77-91.

［21］孙茂竹，支晓强，戴璐．管理会计学（第 8 版）［M］．北京：中国人民大学出版社，2008.
［22］竺素娥，涂必胜．财务管理［M］．杭州：浙江工商大学出版社，2016.
［23］万霞．论谨慎性原则在会计实务中的运用［J］．中国集体经济，2016（30）：125-126.
［24］王倩，丛日杰，杨晓龙．变动成本法与完全成本法的关系探析［J］．科技风，2013（21）：180.
［25］吴文学．管理会计那点事儿：用数据支撑决策［M］．北京：清华大学出版社，2017.
［26］吴晓涵，杨学洁，吴晓露．全面预算在小型制造企业中的应用研究——以某小型家具厂为例［J］．商业会计，2018（22）：66-69.
［27］吴晓涵．大数据时代平衡记分卡在 H 茶叶企业绩效评价中的应用研究［J］．福建茶叶，2018（5）：294.
［28］吴勇，陈慧，朱卫东．基于大数据分析技术的管理会计系统重构［J］．财会月刊，2019（7）：61-68.
［29］熊云．有效运用管理会计 促进财务职能转变［J］．中国总会计师，2015（9）：34-36.
［30］徐兵．内部审计在全面预算管理中的应用研究［J］．经济研究导刊，2015（26）：181-182.
［31］杨凤菊．基于作业成本法的预算管理体系［J］．商场现代化，2007（7）：104-105.
［32］杨化峰，郭景先．谈完全成本法与变动成本法的结合应用［J］．财会月刊，2006（10）：11-12.
［33］杨洁．基于企业员工心理因素的企业培训问题分析［J］．企业技术开发，2014（14）：32-33.
［34］杨雄胜．企业创新管理会计制度研究［J］．财务与会计，2019（21）：4-10.
［35］姚莉．“完全成本法”“制造成本法”和“变动成本法”的比较［J］．新疆石油学院学报，1995，7（1）：80-87.
［36］赵兵兵．浅谈变动成本法［J］．统计与咨询，2007（1）：76-77.
［37］赵栓文，屈晓丹．财务共享服务下的管理会计信息化策略探讨［J］．财会月刊（上），2018（10）：12-15.
［38］郑新华．基于 FSSC 的管理会计信息化系统构建探析［J］．财会通讯：综合版，2019（28）：106-110.
［39］周涛．管理会计与全面预算管理整合的策略分析［J］．企业改革与管理，2018（17）：172.

后 记

夏蝉声声，暑热滚滚，又是一年盛夏，管理会计专著的撰写总算要画上句点了。

遥想最初开始写作的时候，也是暑假里，当时正值二宝初生。每个下午都是阿姨帮我带着二宝，而我带着大宝上兴趣班，在等待他下课的时候在教室外码字；再就是晚上等到两宝都睡下，夜深人静，逐字逐句书写。我经常会在哄两宝睡觉的时候睡着，但是想着没有完成的书写计划总是睡得不踏实。夜里写作，周围总是一片寂静，只有打字声，看着屏幕上的字，心里便会产生莫名的满足和幸福感。当然，我也会因为文思枯竭而没有按计划完成写作，从而感到沮丧，很多次从睡梦中硬生生将自己拽起来。因此我经常会问自己，为什么千万条路，要选择一条最难的路呢？所幸我一直是一个很容易满足而又有点倔强的人，尽管多次想放弃，但终还是被那逐渐增加的字数带来的成就感所折服，从而坚持下来了。

从大学学习财务管理到现在从事财务会计的教学研究，二十年的时光已然消逝。当初是因为偶然的原因选择了财务管理专业，亦没想到自己最后会成为一名财务会计教师。人生的际遇很奇妙，但是我很享受这个过程。我从小就喜欢讲话，而今成为一个用语言授人以知识的人，是梦想得以圆满；我从小就喜欢写作，而今能看到自己的所学所感所想成为铅字，更是一种幸福和满足。

和管理会计的结缘说起来十分偶然，当时也是同事拉着我一起编写教材。后来她有其他事情，因此教材的编写以及后续的工作都由我来承担，而我也因此开始了对管理会计的教学和科研。后来自己主编的教材成为省规划优秀教材，这几年的新形态立体化教材建设、精品课程网站建设也让我在管理会计教学上走得更远更稳。然而，不管是新形态教学还是精品课程网站建设，都要改革课件，重构教学安排，精心录制教学视频。这些事情往往烦琐费力，特别是自己对于视频录制不熟悉，很多时候短短几分钟的一个视频、一个微课往往要花费好几个小时来录制，加上白天需要处理的事情比较多，只有到了深夜才能录制视频。个中确有不少艰辛，但是现在也都淡忘了，庆幸正是自己当时的不放弃方能积累很多资料和素材。

正是因为在教学上的不断前进，自己才在科研上有了启发。正是因为这些年我基于管理会计的教学和企业实践做了不少探索和调研，也研读了不少文献和资料，做了不少课题，对于管理会计有了更深的认知和思考，本书的撰写才得以完成。希望本书能对管理会计后续的教学和科研有所助益。

我从不觉得蝉声扰人，因为我知道正是因为蝉在暗无天日的地下度过了漫长时光，才能得以在枝头高唱。人生过半，我亦明白了人生得失相济，坚持和不辞辛劳方能有所收获，而且人生确如流水，总要奔腾向前，向前！

本书系浙江省教育厅课题“大数据视角下管理会计工具在中小企业的创新实践探析”（课题编号：FG2019194）的研究成果。

吴晓涵

2020 年 9 月